因我的名赐给你们
⟨应允篇⟩

李载禄牧师

你们若向父求什么,他必因我的名赐给你们。

(约翰福音 16:23)

因我的名赐给你们
My Father Will Give to You in My Name

在未获得乌陵出版社书面许可的情况下，不得对本书的内容进行制本、复印、电子传送等。

本书所引圣经经文取自《现代标点和合本》

作　　者:	李载禄
编　　辑:	宾锦善
设　　计:	乌陵出版社设计组
发　　行:	乌陵出版社（发行人：金正宏）
出版日期:	2011年2月初版（韩国，乌陵出版社，韩国语）
	2024年6月初版（韩国，乌陵出版社）

Copyright © 2024 李载禄博士
ISBN 979-11-263-1365-5 03230
Translation Copyright © 2024

问 讯 处: 乌陵出版社
电　　话: 82-818-7242

"乌陵"是旧约时代的大祭司为了求问神的旨意而使用的决断的胸牌，希伯来原意为"光"（出埃及记28章30节）。"光"代表着将我们引入生命的神的话语，因此"乌陵"也是代表着本为光的神。乌陵出版社为了用真光照亮整个世界，如今正在以祷告和赤诚奔跑在文书宣教的前沿。

自序

你们若向父求什么,他必因我的名赐给你们。

（约翰福音 16:23）

曾经有位男圣徒在年轻的时候就立志于创业。他一直为此祷告,后来他收购了一家公司,就此开始了自己的事业。他明白神的旨意,树立"要一直存善心,行正道"的经营理念,铭记"遵守神的法度和国家的法律",并且努力遵行。他与不义不妥协,单行正道。因此事业初期看似有些亏损,可他依旧不变持守初心行正道。果不其然没过多久,有70%～80%的顾客成了常客。甚至,在不营业时也能凭借口碑,顾客人数不断增加,使销售额很快跳到10倍。

如此,若相信神且遵行神的话语,神必会赐给祝福。诗篇

146篇5节说:"以雅各的 神为帮助、仰望耶和华他 神的,这人便为有福。"真正爱神的儿女凭靠神的能力凡事都能,得享万事亨通的祝福。享受丰饶,健康,成功的人生,将荣耀归于神。为了能够得享如此蒙福人生,须要透彻领悟蒙应允的灵界法则。

为奉耶稣基督的名祷告,并渴望蒙应允的人出版了『因我的名赐给你们』一书。此书具体解说了,祷告却不得应允的原因,测量能否蒙应允的七灵要点,种与收的祝福秘诀,以及神所喜悦的行为,当怎样得应允等灵界法则。并且添加了图文专栏,介绍了神所愿的生活面貌。

作为神的儿女，我们当具备蒙应允和祝福的资格，并合神的心意，从各样的疾病和事故，以及自然灾难中蒙神保守。

奉主的圣名祝愿各位，通过此书拥有神所喜悦的信心，如同亚伯拉罕，不但在地上得享健康与长寿，财富与名誉，儿女等一切的祝福；永居那无比美好的圣城新耶路撒冷，永享福乐。

2011年2月
李载禄牧师

目录

因我的名赐给你们

自序

第一章
得应允的秘诀　1

第二章
不可心怀二意　15

第三章
得应允的灵界法则及七灵　25

第四章
愿赐予我们上好的神　39

第五章
蒙火应允的以利亚　　51

第六章
想要成就心愿　　65

第七章
想要完全得应允　　77

第八章
种与收的祝福秘诀　　89

第一章

得应允的秘诀

小子们哪，我们相爱，
不要只在言语和舌头上，总要在行为和诚实上……
我们的心若不责备我们，
就可以向 神坦然无惧了 。
并且我们一切所求的，就从他得着。
因为我们遵守他的命令，行他所喜悦的事。

约翰一书3:18～22

对于神的儿女最幸福的事情之一,是全知全能的永生神应允我们的祷告。人若确实相信神的应许,为成就心愿会努力祷告,蒙神应允荣耀归神。约翰一书5章14节说,我们若照神的旨意求,即凭信心行在真理中祈求,凡事所求的就会从神得着。因着神如此的应许,神的儿女得以坦然无惧的生活在世界中。

即便恶的父母,也不会儿女求饼时反给他石头,求鱼时反给他蛇。更何况,当神的儿女们照神的旨意祈求时,神不将上好的福分赐给吗?

凭信心祈求蒙应允的迦南妇人

马太福音15章记载,一位迦南妇人来耶稣面前,心愿得应许的事件。因附鬼的女儿受痛苦的迦南妇人,她能立刻得到应许,是因她照神的旨意祈求。听到有关耶稣传闻的迦南妇人,她十分渴慕能见到耶稣。这样渴慕中,她终于遇见了路过那地方的耶稣。她见了耶稣,立刻喊着说:"主啊,大卫的子孙,可怜我!" 恳求耶稣医治自己的女儿。

但耶稣一言不答。妇人却来拜祂，再次恳求道："主啊，帮助我！"耶稣却拒绝妇人说："不好拿儿女的饼丢给狗吃。"这是主对妇人信心的考验。若是一般人，听到耶稣如此回答，就会感到非常羞辱，甚至自尊心受到伤害。

然而妇人并没有感到伤心失落，却以谦卑的心信心告白："主啊，不错，但是狗也吃它主人桌上掉下来的碎渣儿。"耶稣听了妇人如此信心告白就说："妇人，你的信心是大的，照你所要的，给你成全了吧！"那时鬼就从她女儿身上出去，就痊愈了。

我们为了得应允，要像迦南妇人一样，直到得应允要照神的旨意凭信心祈求。

承诺赐应允的神

圣经处处记录神对祷告的应许，当怎样恳切祈求才能从神得着。若是我们笃信不疑神的承诺，凡事遵照神的旨意，凭信心祈求，必会得到应允。

马太福音7章7～8节记载："你们祈求，就给你们；寻找，就寻见；叩门，就给你们开门。因为凡祈求的，就得着；寻找的，就寻见；叩门的，就给他开门。"

约翰福音15章7节　耶稣说:"你们若常在我里面、我的话也常在你们里面、凡你们所愿意的、祈求就给你们成就。"在约翰福音 14章13节又说:"你们奉我的名无论求什么,我必成就,叫父因儿子的荣耀。"除此经文圣经处处记载,若是照神的旨意祈求,就会蒙神应允的言约(耶29:12~13,约一5:14)。

马可福音1章40~42节记载,有一个长大麻风的人来耶稣面前跪下,说:"你若肯,必能叫我洁净了。"耶稣就伸手摸他,说:"我肯,你洁净了吧!"大麻风立刻离开他,他就洁净了。由此我们可以知道,神应允相信并祈求的人。

祷告却未得应允的原因

我们照神的旨意凭信心祷告,并遵行神的话语时,神就会赐应允与祝福。然而,自己觉得努力信仰生活,祷告却未得应允,是什么原因呢?我们一起通过圣经来查考一下。

因心里注重罪孽而祷告

诗篇66篇18节说:"我若心里注重罪孽,主必不听。"又在以赛亚书59章1～2节说："耶和华的膀臂并非缩短，不能拯救，耳朵并非发沉，不能听见。但你们的罪孽使你们与神隔绝，你们的罪恶使他掩面不听你们。"如上经文，若是心存罪恶，就被仇敌魔鬼撒但拦阻与神隔绝，从而我们的祷告无法从神得到应允。故此，为了得应允，我们须在神前彻底悔改拆毁罪的隔墙。

因与弟兄不和睦而祷告

耶稣在教导文中有句祷告"免我们的债，如同我们免了人的债（太6:12）。"又再马太福音18章35节说："你们各人若不从心里饶恕你的弟兄，我天父也要这样待你们了。"如同主的话，若是从心里不饶恕得罪自己的弟兄，我们也无法从神得到饶恕。从而祷告无法达到神前，也无法得到应允。因此，夫妻，父母与弟兄，或是邻居之间；若因争吵不和睦，须要先去和解，然后祷告才得应允。

因私欲中祷告

神说："你们或吃或喝，无论作什么，都要为荣耀 神而行（林前10:31）。" 当我们不是为神的荣耀，而是为满足自己的私欲而祷告时，得不到应允的（雅4:2～3）。因此，倘若不求神的荣耀，反求自己的私欲，祷告就不得应允。举例说明：若是乖巧听话学习好的孩子向父母求什么，父母会甘心情愿的给他买。反之不听话品行不好的孩子向父母要零花钱，父母担心孩子误入歧途不会给的。

因拜偶像祷告

拜偶像是指除耶和华神以外，侍奉其它别神或将无形的神造出形像来侍奉的行为。此举是叫神可憎恶的（出 20:3～6）。拜偶像会走向灭亡的，即便家庭，职场，事业飞黄腾达，也是毫无意义的。因此为拜偶像的人祷告是无法得到应允的。故此，为拜偶像的人应先为灵魂得救祷告，而不是为物质健康等属肉方面做祷告。

因疑惑中祷告

有些人即便祷告，然而对应允没有确信。雅各书1章6～7节记载："只要凭着信心求，一点不疑惑，才能得应允。"因此，疑惑的人是不能从神蒙应允，因为神是喜悦凭信心祷告的人（来 11:6）。

查读圣经就知道，神应允了凭信心而行的人。即使是外邦人，若是表现大的信心，也是蒙了神的爱与称许。反之表现小信的人，即使是耶稣的门徒，也受了责备。

马可福音11章24节记载："凡你们祷告祈求的，无论是什么，只要信是得着的，就必得着。"因此，只要凭信心求，一点不疑惑，即使用医学无法医治的疾病，或是人无法解决的问题，神都会赐给应允。

因不守神诫命而祷告

约翰福音14章21节记载："有了我的命令又遵守的，这人就是爱我的；爱我的必蒙我父爱他，我也要爱他，并且要向他显现。"因此，遵守诫命就是爱神的凭据，爱神的人也会蒙神和主的爱。我们若遵守神的命令，行祂所喜悦的事，就得以坦然无惧，一切所求都从神得着（约一3:21～22）。

相反，若不遵守神的诫命，就无法得到应允。若是应允不遵守诫命的人，不但不合乎神的公义，而且更不会努力守诫命的。箴言8章17节记载："爱我的，我也爱他；恳切寻求我的，必寻得见。"由此可见，爱神且遵守神诫命的人，就能遇见永生的神，所求的也能得到应允。

因不凭信心栽种而祷告

加拉太书6章7节记载:"不要自欺, 神是轻慢不得的。人种的是什么,收的也是什么。"如此,若不播种,就无法收成。

当祷告时就会灵魂兴盛,栽种物质就会得到物质的祝福,为主侍奉就会身体健康,无论什么凡事因着种什么,收的也是什么。因此若想蒙神应允,须要凭信心殷勤栽种。爱神的人,虽无事可求或无感谢条件,也会殷勤播种。因他们觉得单凭蒙救恩,已经万分感恩了。这等人在生活中,福杯满溢。何况,若有事求神蒙应允,更要精心的栽种。或许,若在神前想不劳而获,须要悔改,要以感谢与喜乐之心栽种。

蒙神应允的祷告

初信徒在灵里如同刚出生的婴儿,还不了解真理,蒙神应允比较容易。只要有一点行道的作为,神便会应允。这是如同吃奶的婴儿哭闹时,妈妈立刻给孩子喂奶一样。然而,渐渐懂得真理领悟真理,度过属灵的婴儿期开始,照领悟真理程度行道时才得应允。倘若过了婴孩儿的信仰，却仍然犯罪，背道而行，就不予应允。从这个阶段，照弃恶成圣的程度蒙神应允。

约伯虽然完全正直，但他只是知识上认识神拥有属肉的信心。因此，当遭遇危及生命的大试探就埋怨神，心里隐藏的恶被显露出来。甚至说："神夺去我的理，全能者使我心中愁苦。"然而，遇见神之后他彻底懊悔，改变为拥有神所喜悦的属灵信心，并得到加倍的祝福（伯42:5～10）。

约拿因不顺从神，被大鱼吞在腹中；但当他悔改献感谢祷告时，神吩咐鱼使约拿吐在旱地上（拿2:1～10）。同样，当我们认罪悔改，并寻求神的旨意凭信心恳切呼求祷告；使仇敌魔鬼撒但退去，试探患难也会离开。而且疾病，儿女，物质，工作，等所有人生的问题得到解决；得溢满的祝福，将荣耀归于神。

当我们所求的蒙应允荣耀归神，神不单单得荣耀；祂会再问'你愿我赐你什么？'如此，神会准备更多祝福要赐给我们。正如，当父母给儿女好东西时，倘若儿女知恩感恩叫父母高兴；父母感到无比欣慰，并愿意留给更多好的东西。同样，当我们祷告蒙应允荣耀归神；神会愿意把更多的祝福赐给我们。

因此，常常省察自己，悔改自己的过犯；照神的话语顺从是至关重要的。祝愿各位，诚心悔改；行在真理中，求神的旨意，得应允蒙神丰盛的祝福。

COLUMN VIEW
图文专栏

容光焕发的人

有一位十分受欢迎的喜剧演员。他的表演非常有趣,凡看他表演的人都会捧腹大笑。下文是他在伦敦举行演出时发生的事情。

一位骨瘦嶙峋的中年男士来到精神病院接受检查,并一周服用了医生给的处方药。当他再来医院复查时发现,病情不但没有好转,反而看起来更加痛苦严重。于是,医生向他建议说:

"有一位出名的喜剧演员,正在伦敦举行帮助患有精神疾病的患者演出,你去看演出,放声大笑吧。"

随后,这位中年男士犹豫了一下,低下头说道:

"医生,那位喜剧演员就是我。"

可见,即便给许多人带来欢笑的人,在面临自己的心理疾病时也束手无策。

箴言15章13节记载:"心中喜乐,面

带笑容；心里忧愁，灵被损伤。"如果我们在生活中，总是互相带给喜乐与益处，将会多么幸福呢？无论去哪里，或做什么，都会充满欢乐。对任何事都充满信心，或吃或喝都能良好的消化，得享健康。

因此，心中喜乐的人，会面带笑容，容光焕发。那么我们怎样做才能充满喜乐呢？对此答案，就是要遵照神的话语，离弃心里的忌恨，猜忌，嫉妒，恼怒，血气等各样的恶，行正道。当我们爱神，爱邻舍，饶恕对方的过犯，与众人成就和睦，凡事谢恩；必会充满喜乐。无论谁，只要离弃心中的恶，顺从神话语，就会心中充满喜乐，面容光亮，蒙神应允荣获溢满祝福。

第 二 章

不可心怀二意

只要凭着信心求，一点不疑惑；
因为那疑惑的人，就像海中的波浪，被风吹动翻腾。
这样的人不要想从主那里得什么。
心怀二意的人，在他一切所行的路上都没有定见。

雅各书1:6～8

有些人在餐厅点菜时，看中两道菜品开始琢磨其中要选哪一道菜，想了很久终于决定点其中一道菜后，看到别人点了自己放弃的菜，并吃的很香时就开始后悔；"那个看起来真好吃，早知道点那个好了。"如果单吃自己点的菜享受美味那该多好，可却又想著那自己放弃的另一道菜感到惋惜，从而对这顿饭也无法感到满足。

向神祷告时也有心怀二意的人。真正相信神的人在遇到什么问题或有心愿时，为得到应允会向神祷告的。当决定依靠神，应该保持恒心不变，直到得应允。但虽祷告神，未按自己所期待迅速得应允，就产生疑心。开始想"若是按世上的方法做，事情办的更简单，现在是否该找找其它渠道"这样心中动摇。

若想得应允须要凭信心求

雅各书1章6～8节记载："只要凭着信心求，一点不疑惑；因为那疑惑的人，就像海中的波浪，被风吹动翻腾。这样的人不要想从主那里得什么。心怀二意的人，在他一切所行的路上都没有定见。"

心怀二意是指，向神祷告时心存疑惑的意思。一边祷告说："神啊，我相信你会应允我的。"；又一边想："神真的会赐应允吗？"倘若这样心怀二意，无论怎样求，也无法得到应允。

我们要全然相信神，一点不疑惑；只要凭信心求，才能得应允。耶稣曾吩咐，向神无论求什么，定要凭信心求（可11:24）。在马可福音11章24节，耶稣说"必得着"，而没有说"会得着"。因此，我们在祷告时要查验，自己是否凭真信心祷告；或因心怀二意，迟迟不得应允。

还有这种情况，自己认为凭信心求了，神却不认为信心的情况。神认可的信心是一点不疑惑的'真信心'。信心可分为两种，'真信心'和'知识面的信心'，又叫'属灵的信心'和'属肉的信心'。真信心是从心里诚信神和耶稣基督。反之，知识面的信心是指通过听道知识上认识神的意思。这种知识面的信心，因不是从心里相信神的诚信，因此当遭遇试探，就会心里动摇，从此显露是否真信。

持有知识面信神的人，因为通过听道，知道神是全知全能的。但不是从心里真信，从而无法完全依靠神，而是依靠世界。这样心存疑惑，心怀二意的人，就是拥有知识面信心的人。

凭信心祈求的特征

凭诚信祷告和以知识面的信祷告过程及结果截然不同。当我们显出用诚信祷告的凭据时，才能得到应允。那么，凭诚信祷告的人和以知识面的信祷告的人，究竟有怎样的差异呢？

凭诚信祷告的人在任何环境中，心里都有平安

凭诚信祷告的人因有确信能得到应允，即便遭遇逆境也不会失去心里的平安。相反，用心怀二意祷告的人因没有定见心中不安，受试探患难便会心里动摇。

举例说明，当自己幼儿发高烧，处于危急的状态。看到如此病危的孩子父母，可能非常焦急和难过，甚至宁愿自己代替孩子承受病痛。此时，有诚信的人会选择依靠神，努力查找自己的过犯，并悔改禁食祷告。但即使这样依靠了神，孩子却更加发烧病情严重时，大家的心情会如何呢？

倘若诚心信靠神，即便遭遇如此的环境，心里毫不动摇，将会向神献上感谢。反之，用知识面的信祷告的人则会焦虑不安。心里会这样忧愁"真能好起来吗？病情更加重可怎么办？"甚至，还埋怨神说："为什么凭信心祷告了，怎么还不好呢？"若怀有这种心，本身证明没有真信。希望各位仔细查验自己的内心，"遇到同样的环境我会怎样呢？"。

凭诚信祈求的人不会变心

拥有诚信的人，直到得应允不变的祈求和祷告。相反，

心怀二意的人祷告迟迟未得应允，或惟其所愿，会很容易变心。例如，因某件事决定要定期祷告，但是中途随意打破约定。即更改祷告题目或降低目标，这都是不能信赖神的表现。

大部分人都希望迅速得应允，成就自己的愿望。但是神会考虑每个人的需要和信心大小，最适合的时候要赐给上好的东西。因此，随着各人的环境和条件，得应允的速度及方法也是各不相同。耶稣在医治病人时，根据不同的情况，采取了略有不同的方法。

那患有十二年血漏的妇女摸了耶稣的衣裳繸子，血漏就立刻止住了。但是约翰福音9章里瞎子的情况稍微不同。耶稣吐唾沫在地上，用唾沫和泥抹在瞎子的眼睛上，并吩咐他往西罗亚池子里去洗一下。

在这瞎子的立场，这种做法可能不是自己所期待的。但他顺从耶稣的话，往西罗亚池子里去洗了眼睛，眼睛立刻就明亮了。他若因不是自己所期待的，中途怀疑变心，也就无法得医治了。

我们凭信心求告神时，也会遇到同样的情况。举例说明，因发生特殊情况，急需一大笔钱，为此向神恳切祈求。但是转眼到了用钱的日期还没有应允，只剩下一天时间。此时若灰心，便想："神为什么还不赐应允呢？"这说明已经变心了。若以诚信祈求祷告，即使用钱的当天，甚至余下一分钟，神必会奇迹般赐给应允。都是因为中途变心，拿不出诚信，神也无法赐给应允。

当然，不可变心并不意味，偏离神道，固执己见任意祈求的意思。约翰一书5章14节记载："我们若照他的旨意求什么，他就听我们，这是我们向他所存坦然无惧的心。"因此，我们祷告求神应允时，当要祷告分辨神的旨意，因需要分辨神旨意的智慧。而且，当要明白；即使不变的祷告，如果为满足自己的私欲，浪费在宴乐中是无法得到应允的。

凭信心祷告的人会呼求祷告

凭信心祷告的人因确信自己所求的必会得着，所以努力恳切呼求祷告。耶利米书33章3节记载："你求告我，我就应允你，并将你所不知道、又大又难的事指示你。"耶利米因宣告耶和华所赐的话，犹大王西底家觉得不合他的意愿，把耶利米囚在护卫兵的院内。当时犹大王国被巴比伦侵略，非常废败陷入绝境的状态。即便这种情况，当耶利米顺从并向神呼求时，神赐给了他所未知的充满希望的应许。即-被巴比伦毁灭的耶路撒冷城将要恢复。由此可见，无论现实多么暗淡，诚信的人都会凭信心呼求祷告。

瞎子巴底买听见耶稣经过，就呼叫："大卫的子孙耶稣啊，可怜我吧！（路18:38）"因确信耶稣会医治他，不顾周围人的劝阻，越发大声呼求的。由此看出他的信心多么的真诚。

没有诚信的人，即使有问题想得到解决或期望蒙祝福，也不会恳切呼求祷告。见不到应允的迹象，本应该更加恳切呼求祷告，却反而丧失力量无法呼求。这是因为对得应允没有确信。

若要一心一意凭诚信祈求

我们无论求什么，若要从神蒙应允，就不能有疑惑，要凭诚信祈求。但这并不是一件容易的事情。因为虽然不想疑惑，但还是起疑心，而且中途变心呼求不了。因属灵的信心不是想拥有就得着，而是神所赐给的。我们若要拥有诚信，需要经过一些过程。

那么当怎样神赐给诚信呢？

首先要立志单单寻求神。无论各样人生的问题，心中的夙愿，凡一切所需都要单单的求告神。即便瞬间受到世间的诱惑，也要果断击退，笃信不疑的依靠神。

并且我们须要照圣灵的引导，努力行在真理中。在听道中或是祷告中，凡所领悟神喜悦的事当要努力遵行。即便如此，也不一定照自己所期望的迅速得到应允。但是要知道，神绝不会叫人落空。

即便是属肉的父母，当小孩子全心依靠父母并投进父母的怀中时，觉得孩子非常可爱无比喜乐。同样，当神的儿女全心全意依靠神时，祂会非常喜悦。因公义的法则，虽然无法立刻赐给应允，但通过实践真理的过程，使灵魂兴盛。即-帮助属肉的意念一个一个地破碎，并除掉心中的非真理。

罗马书8章7节记载："原来体贴肉体的，就是与　神为仇，因为不服　神的律法，也是不能服。"如此经文若有属肉的意念，即非真理的想法时，就无法拥有诚信。肉体的意念是来自与心里的非真理。因此，离弃心中非真理的程度，能拥有诚信。因为不被魔鬼撒但操控，且聆听真理之灵圣灵的声音。

如此，不断聆听圣灵的声音，心里就会坦然无惧，来得应允的确信。就如约翰一书3章21～22节所记载："亲爱的弟兄啊，我们的心若不责备我们，就可以向　神坦然无惧了。并且我们一切所求的，就从他得着。因为我们遵守他的命令，行他所喜悦的事。"祝愿各位，要时常行在真理中，在凡事上单单依靠神，凡所求的皆得应允。

COLUMN VIEW
图文专栏

通往和睦之路

这是关于一对老夫妇的故事。有一天，夫妻俩发生了一场激烈的争吵。奶奶非常恼怒，从那以后再也没有说话。虽然吃饭的时候，她为爷爷摆好饭菜，但自己却坐在一边默默地做针线活。当爷爷吃完饭，又只是一声不吭地给爷爷倒水。

爷爷看着曾经坐在饭桌对面和自己聊天的奶奶，现在一句话也不说，心里很不是滋味。想尽快打破与奶奶之间的沉默，和好如初。于是爷爷突然起身，翻衣柜开始找东西，衣柜和抽屉里不停地翻找。

奶奶本想视而不见，但是爷爷却把衣柜和抽屉里的衣服和东西都拿了出来，家里变得越来越乱，奶奶这才忍不住好奇心，没好气地问了一句：

"你在找什么？"

于是，爷爷笑眯眯地回答道：

"现在终于找到了，我正在找你的

声音…"

　　箴言17章1节记载:"设筵满屋,大家相争,不如有块干饼,大家相安。"这段经文在告诉我们家庭和睦有多么可贵。即使享有再多的财富、名誉与权势;内心若没有平安,就无法得享真正的幸福。

　　有时因各种琐碎的事情而产生误会,又因自尊心作祟不愿敞开心扉交谈,从而导致感情上的裂痕加深。然而,不管有什么问题,成就和睦是非常简单容易的。只要降卑自己凡事从对方的角度考虑,互相服侍与关怀,就容易化解彼此之间的隔阂。祝愿各位,能够在自己所到之处与众人成就和睦,充满幸福,得享神的大爱。

第三章

得应允的灵界法则及七灵

耶稣出来,
照常往橄榄山去,门徒也跟随他⋯
耶稣极其伤痛,祷告更加恳切,
汗珠如大血点,滴在地上。
祷告完了,就起来,到门徒那里,
见他们因为忧愁都睡着了,
就对他们说:"你们为什么睡觉呢?起来祷告!
免得入了迷惑。"

路加福音22:39-46

马太福音21章22节记载："你们祷告，无论求什么，只要信，就必得着。"如此经文，作为神的儿女，凭信心祷告神蒙应允的特权。但这不是说神无条件地应允所有的祷告。因为神有慈爱同时也有公义，所以合乎公义的法则时，才赐给应允。

如果神不按照公义的法则，应允所有人的祷告，这世界会多么混乱呢？当有人祷告说："让与我竞争的公司倒闭，只让我们的公司兴旺吧。"这样的祷告怎能应允呢？因为这是贪心和恶意的祷告，是只求自己利益的祷告，不合乎神公义的法则，因此神无法赐给应允。

蒙应允的灵界法则

我们为了蒙神应允，首先要知道公义的法则。就如孩子懂父母的心，才容易得父母的允许一样，我们当知道神公义的法则，并要合理的求告神才是。圣经中蕴含着神的心，当如何讨神喜悦蒙应允，等详细的记录。

那么，提示神的心和得应允的标准是什么呢？答案就是七灵。神的心中有各样的属性，其中测定七个方面的神的属性，就是七灵。

神根据七灵测定的结果来决定，是否赐给应允。这里指的七灵，不是说神的灵有七个。而这里七意味完全数，象征神的完全；是毫无差错精确地监察一切，从这样的意义上叫做七灵。

启示录5章6节记载："我又看见宝座与四活物并长老之中，有羔羊站立，像是被杀过的，有七角七眼，就是 神的七灵，奉差遣往普天下去的。"

神是灵是完全的灵，这位完全的灵之神时常监察地上所有的人。神差遣祂的属性中的七灵，监察所有人的心思意念和行为，符合神公义的人赐应允与祝福。

为容易理解七灵，通俗易懂的比喻；七灵可算为神给予应允称量人心的一杆秤。如同买肉买菜时，用秤称量轻重之后付相应的价钱一样，我们为了蒙神应允，根据七灵的测量，具备蒙应允的条件才是。

七灵测定的要点

那么，七灵测定什么决定给予应允呢？七灵测定人的所有心思意念与言行举止等等，但是主要测定七个部分。

第一，测定信心

圣经中记载"照你的信心必给你成全了"。倘若用诚信从心里相信的属灵的信心祷告，所求的定会见到实据。但认为口里承认相信凭信心祷告了，却未得应允，是因不是属灵信心的告白。也就是说，所听的道成为知识存留在头脑里，停留在属肉的信仰中。从心里相信神和用头脑知道神是全然不同的。即便知道很多神的话语并口里承认相信，若不从心里相信，神不会承认有属灵的信心。

属灵的信心是，即便用眼看不见，不符人的想法与知识，心里依然不疑惑相信神的信心。相信从无造有的信心。属灵的信心并不是想要就能够得着，是根据弃罪成圣的程度神所赐给的。当我们离弃心里的恶祷告时，从神来属灵的信心，凭此信心祷告就得应允。

信心是信仰的最基本根基。相信永生的神，相信神的儿子耶稣成为我们的救主，相信将来会有审判，以及相信有天国与地狱。如果真的相信这些，我们的生活只能改变。再不会思念地上虚空的事，而是思念上面的永恒天国，为善道打美好的灵仗。遵照神的话语，行在真理中，改变自己。如此，不断改变自己，信心也不断增大，自然能够顺从，显出更大的信心行为。七灵通过这些来测定"信心的大小？"。

七灵首先测定信心的原因，是根据每个人的信心大小，能够决定其他领域测定基准。举例说明：如果拥有小孩子信心的人和拥有父老信心的人，立同样得应允的标准会怎样呢？拥有小孩子信心的人，因为得应允太难干脆会放弃。反之拥有父老信心的人，因很容易得应允，不再努力进入更深层次属灵生命阶段。因此神根据每个人的信心大小，设定了不同得应允的七灵测定标准。

第二，测定喜乐

喜乐是神的儿女蒙得救恩的代表性的明证。我们从永远地狱的痛苦中得救进入天国，这等喜乐是无与伦比的。并且接待主之前，因着生活中各种问题流泪，悲伤，痛苦，过了没有喜乐的生活；然而得救恩，在神的爱与恩典充满天国的盼望中生活，理当充满喜乐。

当然，也许有人说'我信主之前也是过得很快乐'的。但是，有喜乐的事情时能喜乐，当遇到不好的环境失去喜乐，是不能算为真正的喜乐。只在符合自己的心意和利益时的条件性喜乐亦是如此。

在主内享受的属灵的喜乐是不拘任何环境和条件，都能常常喜乐的。那是因为我们得到了任何东西无法比拟的永恒的生命，并对天国充满了盼望，是在内心深处涌动的喜乐。如同初代教会的圣徒们，在被狮子吞吃的情况也能够甘心情愿殉道一样，这种喜乐才是得救恩成为神儿女的明证，也是区分基督徒的馨香。而且，喜乐是有信心的凭据。因对神有确实的信心，相信所求的必会得应允，在任何环境中，能够心中充满喜乐。

偶尔看到认为有信心的人中丢失属灵喜乐的情况。看表面上在微笑，却感觉不到心中的喜乐。对神炽热的爱与热情变得冷淡，停留在不冷不热的信仰，不顺从圣灵的带领，沉迷于世界，与神之间建立罪墙，就会丢失属灵的喜乐。

这样的人因为没有通过七灵中喜乐的测定，即使祷告也迟迟不得应允。若没有充满属灵的喜乐，就要反省自己，恢复对神的爱，尽快拆毁与神之间的罪墙，要通过七灵的测定。

第三，测定祷告

祷告须要合乎神的心意和旨意。合神心意祷告，首先要养成祷告的习惯。如神说"要不住地祷告"（帖前5:17），我们要每天照常按时做祷告。这样才能时常警醒，不会遇见试探；即便遇到难处或试探，也能得胜迅速得应允。

其次，是要屈膝祷告。圣经中的先知们，以及耶稣都是跪着祷告的。我们向全知全能的神，求告自己无所能及的事，谦卑的心屈膝祷告是理所当然的。

其三，要照神的旨意祷告。祷告不能随自己意愿或求己益处，是要照神的旨意祷告。并且要恳切呼求祷告。耶稣祷告的多么恳切，汗珠如大血点，滴在地上（路22:44）。正如经上所说："你必终身劳苦，才能从地里得吃的"（创3:17）。通过用力恳切祷告，得到辛苦和汗水带来的果实。

其四，要发自内心祷告。神不看人的外貌，而是看人的内心。尽管表面上看祷告的恳切，但若不是发自内心的祷告，就毫无益处。

其五，要带着信心和爱祷告。心怀疑惑的祷告是无法得到应允，一定要相信神赐应允，凭爱神的心要祷告。

如此，七灵只是测定一个祷告，并不单单看是否祷告。而是看是否照神的旨意祷告，各方面精确的测定，全方位评价。

第四，测定感谢

与喜乐同样，感谢也是作神儿女明证的果子。有信心的人在任何环境中从心里发出感谢的告白。单单想到蒙救恩，无比的感恩。注定坠入地狱永受痛苦的灵魂，因着主的恩典走向了天国，怎能不心存感激呢？

况且，神成了我们的阿爸父，在生命中一步步引导我们，只能在凡事上谢恩。蒙救恩的神的儿女，即使没有感谢的条件也当感谢。何况在信仰生活中，随着信心的增长，感谢条件越来越加多，感恩之情也是与日俱增。

但是只在有感谢条件的时候才感谢，遇到困难时就不平不满，这与具有信心的人相距甚远。即使眼前有些困难，单单信靠神献上感谢祷告时，垂听祷告的神使万事互相效力，叫我们得益处。

因此，希望各位依靠"应当一无挂虑，只要凡事藉着祷告、祈求和感谢，将你们所要的告诉　神（腓4:6）。"之话语，生活中要常常感谢神。无论环境条件如何，都能凡事感恩，成为蒙神喜悦的人才是真正懂得感谢秘诀的智慧人。

第五，测定诫命

圣经中记载"当行"、"不可行"、"当守"、"离弃"等许多话语。其中十诫命蕴含了《圣经》里的所有诫条。当我们遵守十诫命，在七灵的测定中合格时，就会得应允。

如约翰一书5章3节："我们遵守　神的诫命，这就是爱他了，并且他的诫命不是难守的。"，遵守神的诫命是爱神的凭证。相爱的人是尽量想满足对方的要求，在灵里也相仿，若爱神，就会甘心乐意遵行神的诫命。

相反尽管信仰年限长，被认为有信心的人，因只是碍于面子看人眼色勉强遵守神的诫命，这不是真正爱神，也不是遵守诫命。因此，当要以爱神的心遵守诫命，一定要欢喜快乐的心去遵行。如此遵守诫命，显出爱神的凭据时，才能迅速得应允。

第六，测定忠心

七灵按主仆，长老，劝事，执事等，各人的职分测定忠心。此外，会长，区域长等，为领受使命的所有圣工人员测定忠心。测定是否珍惜自己的职分和使命，有多么尽忠等等。但是并不是尽忠于神家的事，就被称为全家尽忠。

全家尽忠是不仅在教会忠于使命；在家庭、单位，事业等各岗位都要尽忠。就如作为丈夫、妻子，子女，父母；在各自的位置上要全家尽忠。当然，如果让我们圣工和世上的事两中选一，应该选择圣工；但这不意味让我们忽略世上的工作。我们应当为神的荣耀，无论圣工还是世上的工作，不偏向任何一方，在各个领域都要尽忠。

在尽忠方面，最重要的一点就是属灵的尽忠。即，要离弃各样的恶事，割礼内心，要成为属灵的忠诚。因为神喜悦模成主形象的圣洁儿女们发自内心的属灵的忠诚。

第七，测定爱

爱将以上查考的所有项目联系在一起的纽带作用，是我们在这地上受耕作的最终目的。神创造第一人亚当并在这地上耕作人类的理由是，为了获得与神永远彼此分享爱的真儿女。因此，尽管我们再怎么祷告尽忠，若不是出于爱神和爱弟兄的心，就没有任何意义。

哥林多前书13章2～3节记载："叫我能够移山，却没有爱，我就算不得什么。我若将所有的周济穷人，又舍己身叫人焚烧，却没有爱，仍然与我无益。"又在哥林多前书13章13节说："如今常存的有信，有望，有爱；这三样，其中最大的是爱。"因此祷告，喜乐，感谢，遵守诫命，神前尽忠；一切最终都要凭爱心来做。

我们的信仰生活始于信心。因为有信心我们才能喜乐，感谢，祷告，遵守诫命，尽忠。所以，七灵首先测定信心。然而，即便有了信心，甚至有了一切，如果没有爱，都是枉然。因此，七灵最后测定爱。

例如：接受使命刚开始很努力尽忠，因中途发生不合自己心意的事，对使命失去热心，这不是出于爱心做的。即便努力祷告，却不爱弟兄；反而恨弟兄，猜忌嫉妒的话，也不是出于爱心祷告的。只有具备属灵的爱时，我们才能说一切完全成就了，且能使神喜悦，因而迅速得到应允。

决定是否应允的七灵

为了祷告得应允，我们在七灵测定中得到合格的判定。

有些人虽然是初信徒，凡祈求的很快就得到应允。相反，比初信徒更加有信心，更加尽忠祷告的工人，却迟迟得应允的情况。这是因为神根据每个人信心的大小，要求的标准不同。

初信徒起初的爱火热，被圣灵充满，当比自己所处的信心阶段更加努力祷告尽忠，并以喜乐的心奔跑时，很容易充足七灵的测定标准。正如此，拿出超越自己信心的阶段，才更容易得到应允。

例如，如果一个年幼的孩子父母外出时洗碗或打扫房屋，即使孩子做的不好，父母觉得孩子乖懂事，想满足孩子的要求。但如果是成年的子女，就会符合他年龄标准去要求工作成果。随着子女的年龄增长，父母对儿女的期待也就越高。

同样，信心与职分使命越大，要向神更多付出和尽忠。因此，在七灵测定的所有方面，都要照自己的信心份量去行。此时信心越大，所经历的神的作工也就越大。

然而，即使是同等的信心，根据祷告题目的不同，测定的标准也会有所不同。当为一个重大问题祷告时，须要拿出相应大的信心与行为。因此，我们不能判断说："那个人那么尽忠却还得不到应允。"祷告题目不管大小，我们为了得到应允，须要查验七灵测定的各个项目，且填充不足的部分。希望各位，每天以更加火热的心行真理，完全达到神所愿的标准。

COLUMN VIEW
图文专栏

变化人心的种子

1883年印度尼西亚的喀拉喀托岛因火山喷发，完全被火山灰覆盖。科学家们发表，此岛再无法生存任何生命体。有一段时间，整个岛屿似乎一片死寂。

但是过了三年之后，这个岛屿开始渐渐复苏。草开始到处生长，15年后形成了植物群落，40年后已经成了茂密的树林，栖息着各样鸟类与动物。这是因为鸟、风和海洋在不断地散播着种子。

有一种比这更加神秘的种子，到底是什么呢？这就是能够改变人心的"神的种子"。照着神的形象造的第一人亚当，在伊甸园尽情享受了富饶的生活。但是随着岁月的流逝，吃了神禁止的善恶果，犯下了不顺从的罪。结果被驱逐到这地上，与神的交通也被切断了。

从此，仇恨、嫉妒、争竞、凶杀等属

恶的种子在人们的心中滋生。随着岁月的流逝，恶的种子逐渐生长，罪恶不断加增，不法行为也日益猖獗。但是有一种方法，让充满罪恶的人心，可以变得美丽。

耶稣把人的心比喻为田地，把神的道比喻为种子。当神的道落在人的心田里，就会发生奇妙的事——消极的想法以及心中的恶就会渐渐消失，再次充满善与爱。

希伯来书4章12节记载："神的道是活泼的，是有功效的，比一切两刃的剑更快，甚至魂与灵、骨节与骨髓，都能刺入、剖开，连心中的思念和主意都能辨明。"由此可见，神的道有惊人的能力可以改变人的心思意念。当我们把神的道栽种在心里，渐渐成长后，就能成为神的儿女，获得永生；离弃心里的仇恨、嫉妒、恼怒等恶，变化成为圣洁的人。

第四章

愿赐予我们上好的神

我们若照他的旨意求什么，
他就听我们，
这是我们向他所存坦然无惧的心。
既然知道他听我们一切所求的，
就知道我们所求于他的，
无不得着。

约翰一书5:14～15

天上的飞鸟，也不种，也不收，也不积蓄在仓里，但因天父养活它，它们就无忧的生活。野地里的百合花、它也不劳苦、也不纺线；但神让它生长，它们就根据季节绽放美丽的花朵。更何况，与空中的飞鸟野地里的百合花无法相比的宝贵的人，神怎能不好好生养呢。

神愿将上好的赐给我们，愿我们所求的都得到应允。况且，神超出人的能力和极限，是无所不能的全能者，创造主。当我们遇见这样的神时，所有问题能够得到解决，心愿也能成就。

不要为明天忧虑

世上无忧无虑的人并不多见。但是在主内，我们无论有怎样的问题；都能常常喜乐，凡事谢恩，享受幸福的人生。因为全知全能的神是我们的父，祂知晓并可以满足我们的一切需求。

因此在马太福音6章25节以下记载："不要为生命忧虑吃什么，喝什么，为身体忧虑穿什么…你们要先求他的国和他的义，这些东西都要加给你们了。所以，不要为明天忧虑，因为明天自有明天的忧虑；一天的难处一天当就够了。"

如果我们不是神的儿女，我们就不得不为"吃什么？喝什么？穿什么？"而忧虑。但相信无论是什么凡向神所求的，都必得着的神的儿女，绝对不会有任何忧虑。拥有真信心的人，因相信已经得到了应允，反而会感谢喜乐。

因此，约翰一书5章14～15节记载："我们若照他的旨意求什么，他就听我们，这是我们向他所存坦然无惧的心。既然知道他听我们一切所求的,就知道我们所求于他的,无不得着。"简单来说就是凡按照神旨意祈求的人,一切所求的都会得到应允。那么照神的旨意祈求,具体求什么呢?

求神的国和祂的义

马太福音6章33节记载:"你们要先求他的国和他的义,这些东西都要加给你们了。"神已知晓我们所需的一切。并承诺当我们在祈求自己所需之前,先求祂的国和祂的义时,就将所愿的都加给我们。

祂的国,即求神的国,意思是要拯救灵魂。我们都曾是仇敌魔鬼撒但的奴仆,因罪只能走向灭亡。但因相信耶稣基督,领受圣灵,重生为神的儿女,成为天国的子民。当我们传讲耶稣基督,曾因罪走向死亡的人就能得到救恩,神的国度也得以扩张。

因此,寻求神的国就是向那些不信神的人传福音,使他们成为神的儿女,并为民族福音化和世界宣教祷告。我们不仅要向近处的弟兄、父母、亲戚传福音,在工作、学校和其他地方也要努力传福音。当许多灵魂得救,神的国度就会变得兴盛,所以我们必须殷勤祷告,无论何时何地都要传福音。

而求祂的义是指什么呢?就是指要模成主的形象。彼得前书1章16节记载:"你们要圣洁,因为我是圣洁的。"马太福音5章48节又记载:"你们要完全,像你们的天父完全一样。"因此,听神的道领悟真理,离弃罪恶活在真理中,效法圣洁的神成就圣洁,就是成就神的义。

像这样求神的义的人就会临到灵魂兴盛,凡事兴盛,身体健壮的祝福。或许有些人会说:"我这期间担任各种使命,努力做了圣工,现在我想暂时休息一下,集中于祷告成圣。"这是只求神的义,不求神的国的意思;这并不是神所愿的。神愿我们同时求祂的国和祂的义。当热心为神的国度拯救灵魂时,神就会从上头赐给力量和能力,帮助成就神的义。

这些东西都要加给你们

神承诺说:"当我们先求祂的国和祂的义时,这些东西都要加给我们。"因此,当我们先求神的国和义时,神就会负责我们衣食住等所有一切,我们就不必有任何忧虑。若是因衣食住问题担心,这说明是小信。担心,忧虑源于没能信赖全知全能的神,对神还存有怀疑之心。我们应该全然相信并信靠,负责解决我们人生所有问题的神。那么为了得见赐应允的神,具体应该怎样做呢?

须要始终拿出凭信心祈求的行为

马可福音10章记载,盲人乞丐巴底买到耶稣面前成就心愿的事迹。他的最大心愿就是能够睁眼看见这个世界,但是没有人能够帮助他实现这个愿望。有一天,他听到了关于耶稣行神迹奇事的传闻——只要来到耶稣面前,瘫子就起来行走,各种患者得到医治,被鬼附的也得以释放。于是,生活在绝望中的巴底买产生了只要自己见到耶稣,眼睛就得以看见的信心和盼望。

终于到了这个时刻,周围人声鼎沸,耶稣经过自己坐在路旁的附近。他大声喊着说:"大卫的子孙哪,可怜我吧!"周围的人责备他,不许他作声,他也毫不退缩,反而越发大声地喊着。耶稣对如此拿出信心的巴底买说:"你去吧!你的信救了你了。",他立刻看见了,就跟随了耶稣。

像这样凭信心祈求时,得应允,问题得到解决。圣经中虽然处处记载,你们祈求,就给你们的应许(太7:7~8,可11:24)。但是对于不信的人来说,就如镜里观花一样。只有不疑惑神的应许,凭信心祈求时,才能得到应允。

神看重人的忠心,即使口中告白"我相信",却心存疑惑祷告,神不给应允。雅各书1章7~8节记载道:"心怀二意的人不要想从主那里得什么。"心怀二意,是指一会儿这样一会儿那样的奸诈的心。一会儿相信得到应允,一会儿又不相信的心不是真信心,因此即使祈求也无法得到应允。由此,拥有永不改变,毫无疑惑的真信心是非常重要的。当我们努力祷告,遵照神的旨意行,神就会从上头赐下属灵的信心,并照此信心作工。

须要行神所喜悦的善

使徒行转10章记录了神垂听哥尼流的祷告,赐应允与祝福的内容。哥尼流是当时统治以色列的意大利营的百夫长。神派了一位天使去见哥尼流,告诉他彼得的住处,并让他邀请彼得。又使彼得,通过异象和圣灵的声音引导接受哥尼流的邀请，到哥尼流的家里传讲了福音。

彼得去了哥尼流的家，他的亲属，密友都在以思慕的心等待着他。当彼得传讲耶稣基督和十字架救恩的福音时，圣灵就降在一切听道的人身上，发生了不仅是哥尼流，连他在场的家属和密友也都得救恩的惊人事情。哥尼流之所以能够得到如此的祝福，是因为他拿出了神所喜悦的行为——"他是个虔诚人，他和全家都敬畏　神，多多周济百姓，常常祷告　神。（使徒行传10章2节）"

从他和全家都敬畏神的事情来看，可见他在家庭里受到认可与爱，是值得信赖的一家之主。使得他的家人们顺从他的话，合为一体，他爱神，他的家人们以他为榜样效法爱神。

无论父母如何教导孩子得救之道，若不跟随那条路，也不能只算孩子的错。如果父母首先树立敬畏神的榜样，那么孩子也会效法这样的父母成长。如箴言8章13节说："敬畏耶和华，在乎恨恶邪恶。"如果父母首先离弃各样的恶事，以善与真理，爱来对待孩子，孩子也自然效法父母。

因此父母应当率先敬畏神，离弃各样的恶事。这时，子女自然会改变，敬畏神。哥尼流因敬畏神，行在善与爱当中，从家人得到认可，家人们也跟随他敬畏了神。

此外，哥尼流做了很多周济。敬畏神，离弃心里的恶，充满善的人，他的言语和行为也散发善的馨香。不会说让人伤心难受的话，只说给对方带来安慰和勇气、温暖的话，引导对方得真生命的真理的话语。并伴随着善行，爱与德行。

哥尼流是如此做的。他周济了许多人，而他的善与德行通过"周济"的行为表现出来的。但是周济并不是物质上充足就能行出来的。首先要爱灵魂，并有怜悯之心。

使徒行转10章22节记载："百夫长哥尼流是个义人,敬畏神,为犹太通国所称赞。"哥尼流虽然是罗马的百夫长,但他周济了很多被支配国的犹太百姓,而受到犹太通国的称赞。

没有爱的周济是不能认为真正的周济。无论从物质方面周济了多少,若只是为了显耀自己,神是不会喜悦的。马太福音6章3~4节记载："你施舍的时候,不要叫左手知道右手所作的;要叫你施舍的事行在暗中,你父在暗中察看,必然报答你(有古卷作"必在明处报答你")。"哥尼流的周济并不是出于显耀自己,而是出于爱灵魂的心。故此,他的真诚传达到犹太人。通过使徒行转10章4节我们可以知道,他的祷告和周济上达到神面前蒙纪念;因此得到了极大的祝福。

我们当这样凡事行善,是件很重要的事情。不仅拥有良善的心,还要积极地行善,这才是加快得应允的秘诀。

当看到处于困境的人,仅在内心同情和,用一个小小的礼物给予帮助是截然不同的。当对方在某件事上获得成就时,仅内心一同喜乐和用夸赞的言语表达祝贺,喜乐之情也是有差异的。用一句温暖鼓励的话来表达自己内心和不表达是有很大区别的。因此,我们当更加积极地用言语及行为,来表达内心的善与爱。殷勤地积累善行,使神喜悦,蒙应允与祝福。

须要凭信心尽心地栽种

一分耕耘,一分收获——这是自然法则,在属灵上也是如此。若想不种就收成是轻视神的表现。若想得到应允，须要向神凭信心栽种。当想得到的应允越大，须要越多的栽种，表现出更大的诚意。须要以祷告，信心的行为，侍奉与感谢来栽种。要以自己的智慧与能力，用时间去栽种。照神的话："因为你的财宝在哪里，你的心也在那里（太6:21）。"，当尽心栽种物质。

像这样栽种的时候，就得以收成。当我们栽种祷告和赞美，从上头临到能力，就能照神的话语生活，灵魂兴盛。当我们努力尽忠侍奉，疾病就会离去，灵肉间得以健壮。当我们奉献十分之一，感谢金等奉献物质，就得到物质的祝福，可以为神家尽情地使用。神是照各人所行报答各人，祂说："行善的复活得生，作恶的复活定罪（约5:29）"。由此可见，我们要顺着圣灵栽种善行。

使徒行转9章记载一位住在约帕的女徒，名叫大比大。大比大不仅有信心，并且广行善事，多施周济。照主的教导，向困难和可怜的人们伸出了温暖的帮助之手。大比大通过栽种善行和周济，赢得了自己的生命。当大比大病死，曾得到她帮助的人们挺身而出，为要救活她恳切的祷告。于是，悦纳大比大行为的神，通过彼得的祷告救活了她。

神是信实的，并在公义与爱中成就一切。若真心爱与敬畏这样的神，当要彻底除去与神之间拦阻的因素。要恨恶邪恶，完全离弃一切的恶事，努力填充善。而且凭信心祈求，诚心栽种。

用行为表现爱神凭据的人， 神必会赐应允。健康，物质，名誉等；凡所求的都赐给应允，使心愿得以成就。因此祝愿各位，都能爱与敬畏信实的神，时常得享丰盛的祝福和应允。

COLUMN VIEW
图文专栏

行义

以色列分裂成南北两国后，约沙法王统治期间，南犹大遭到亚兰的入侵。与周边国家联合的亚兰军人数众多，南犹大根本无法获胜。

约沙法王在犹大全地宣告禁食，并恳切寻求神。他设立了歌唱的人，使他们穿上圣洁的礼服，行在军前颂赞耶和华。然后，神设下了伏兵，击败了敌人，取得了完全的胜利。战争结束后，花了三天时间才收取完战利品，获得了巨大的胜利。

但犹大遭到入侵的原因是什么呢？圣经中处处记录神的承诺，爱神，顺从神话语的人必会蒙神保守（诗121:7；约一5:18）。由此可知，战争爆发则意味，在神前行了不合真理的事。即因约沙法王与神所憎恶的北以色列亚哈王结亲。但约沙法王最终能在神的帮助下取得胜利，是因为他在神面前所积累的善行。

约沙法登基后，一心寻求神，使犹大境内的所有百姓离弃偶像，归向神。并嘱咐审判官要敬畏耶和华，忠心诚实办事，作出神眼中看为义的审判，按照神的道整顿国家法度。以此，他行了在神眼中看为义的事，所以在困难的时候能够得到神的帮助。

我们若敬畏神，行神喜悦的事，就能凡事上蒙保守，得到祝福。疾病事故，试炼患难不但不能趁虚而入，即便出现问题，神也会使万事都互相效力，使我们得益处，给予更大的祝福。

第五章

蒙火应允的以利亚

以利亚对亚哈说：
"你现在可以上去吃喝，
因为有多雨的响声了。"
亚哈就上去吃喝。
以利亚上了迦密山顶，屈身在地，
将脸伏在两膝之中。
对仆人说："你上去，向海观看。"
仆人就上去观看，说："没有什么。"
他说："你再去观看。"如此七次……
霎时间，天因风云黑暗，降下大雨。

列王纪上18:41~45

以利亚是一位活跃在北以色列亚哈王统治时期的先知。他是一位有能力的仆人,通过得到降火的应允,使崇拜偶像的以色列人悔改。并且,当神的烈怒临到以色列,旱灾持续三年半时,他向神祷告,得到了降雨的应允。

除此之外,他是以精准预言未来,分开约旦河等极大的权能,在以色列属灵上黑暗时期见证永生神的仆人。那么,以利亚究竟是有着怎样的信心能够获得如此惊人的应允,将荣耀归于神呢?

唯有顺从信心的以利亚

神的选民以色列,要单单侍奉独一真神耶和华。但是以色列百姓崇拜偶像而不敬拜耶和华真神,行了很多恶事,在亚哈王时期,偶像崇拜达到了极点。外邦人王后耶洗别,把崇拜巴力的风俗引入,拜偶像之风蔓延。因此以利亚的第一个使命则是向亚哈王宣布神将为此审判,数年不下雨。然而,亚哈王不但没有悔改,反而想杀死宣告旱灾的以利亚。

如此躲避亚哈王的以利亚此时若到王面前,就等于自投虎口。但以利亚具备顺从神话语的信心,所以当神命令他去见亚哈王的时候，他坦然无惧地去见亚哈王。神喜悦他无条件顺从的信心，非常爱他并保障了他的话。

因以利亚具有如此的信心，所以他能使死人复活，得到降火的应允，并且得以活着被提。如列王纪下2章11节记载："他们正走着说话，忽有火车火马将二人隔开，以利亚就乘旋风升天去了。"，以利亚没有经历死亡，活着被提升天。

圣经中分明记载："按着定命，人人都有一死。（来9:27）"，但以利亚作为人类却没有经历死亡，可见他多么蒙神的爱与保障。因以利亚全然成圣，所以与"罪的工价乃是死（罗6:23）"这一律法的咒诅无关。

不仅如此，以利亚还具备彰显神迹的信心。全知全能的神监察宇宙万物，祂同在的地方一定会彰显神迹奇妙作为。如同"主和他们同工，用神迹跟随，证实所传的道（可16:20）"一样，若从神得到爱与认可，神迹与祷告的应允随之而来。以利亚因具有彰显神迹的信心，得到了降火的应允，证明了永活的真神，并预言要降下大雨时，也如实的应验。

恳切祷告蒙火应允的以利亚

持有顺从之信心的以利亚照神的旨意去见亚哈王，向他大胆的宣告说："我指着所侍奉永生耶和华以色列的神起誓，这几年我若不祷告，必不降露，不下雨。（王上17:1）"。神知道以利亚因此事从亚哈王受到威胁，让他藏在基立溪旁，通过乌鸦供给饼和肉。

但因旱情严重，没过多久基立溪就干涸了，神就差遣以利亚去撒勒法。神在那里预备了一个寡妇，使以利亚从她得到供应。因干旱水与粮食都难求的情况下，以利亚向寡妇传讲神的话求食物时，她毫不犹豫地顺从了。虽然这是最后剩下的珍贵食物，但她显出顺从的信心供给神人，神看她顺从的行为，就赐福她的家，直到旱灾结束粮食没有断绝（王上 17:14）。

不仅如此，神还通过以利亚彰显了救活撒勒法寡妇儿子的惊人奇事。有一天，寡妇的儿子患病断气了，以利亚把孩子放在自己的床上，恳切地呼求祷告说："耶和华我的神啊，求你使这孩子的灵魂仍入他的身体。"神垂听他的祈求，救活了小孩子。如同约翰福音4章48节记载："若不看见神迹奇事，你们总是不信。"一样，为了在刚愎自用的现今社会见证永生真神，必须要像以利亚一样"信心与顺从，恳切的呼求祷告"。

在以利亚预言降下干旱数年后，神对他说："你去，使亚哈得见你,我要降雨在地上(王上18:1)。"以利亚顺从神的吩咐,来到王面前的时候,干旱已经持续了三年零六个月。对此事件路加福音4章25节这样记载,"当以利亚的时候,天闭塞了三年零六个月,遍地有大饥荒"。

当时,亚哈王认为以利亚的缘故没有下雨,于是下令逮捕他,并在邻国各地搜查,却未能抓到他。这样,如此面临生命危险的情况下,以利亚仍然无条件地顺从神的话,去见了亚哈王。

以利亚一出现,亚哈王就问:"使以色列遭灾的就是你吗?"对此,以利亚毫不畏惧,明确地传达神的旨意,说:"使以色列遭灾的不是我,乃是你和你父家,因为你们离弃耶和华的诫命,去随从巴力。"

于是他使王,招聚王所侍奉巴力的四百五十个先知和侍奉亚舍拉的四百个先知到迦密山来见他。以利亚知道三年半的干旱是由于王与百姓拜偶像所招的灾难,所以为了毁灭偶像,证明永生真神,向他们发起挑战。因他有向神炽热的爱,以恳切之心为拯救陷入拜偶像的百姓,能够大胆地宣战。

因以利亚相信唯独永生真神才能降火的应允,能够独自一人面对许多外邦先知宣告:"那降火显应的神,就是神。"以利亚首先对巴力的先知说:"你们既是人多,当先挑选一只牛犊,预备好了,就求告你们神的名,却不要点火。"于是,巴力的先知们宰杀了牛犊,从早到中午求告巴力的名求得应允,却没有一点儿迹象。

以利亚嬉笑他们,说:"大声求告吧!因为他是神,他或默想,或走到一边,或行路,或睡觉,你们当叫醒他。"在他的嘲笑下,假先知们狂呼乱叫,用刀枪自割、自刺,直到身体流血。但直到献晚祭,却没有任何声音和变化。

最终,以利亚聚集百姓,在神面前筑坛,往燔祭和柴上倒水,开始向神祷告。

"耶和华啊,求你应允我,应允我!使这民知道你耶和华是 神,又知道是你叫这民的心回转。"(王上18:37)

以利亚的祷告不是为了自己得荣耀,显示自己的能力,而是为了证明唯独耶和华才是永生真神。于是,耶和华降下火来,烧尽燔祭、木柴、石头、尘土,又烧干沟里的水。众民看见了,就俯伏在地,悔改说:"耶和华是神!耶和华是神!"

因以利亚凭着信心求,一点不疑惑(雅1:6),相信所求的必得着(可11:24),所以能彰显出这样的作工。若未得降火的应允,以利亚只能死在亚哈王和假先知面前。然而因他百分之百信靠神,能在要逮捕自己的人面前大胆地见证神。基于以利亚的信心,神赐降火的应允,使百姓们知道唯独耶和华是真神。

但是以利亚往燔祭上浇水，祈求的原因是什么呢？持续3年半的久旱，最宝贵的就是水，却每次倒四桶，倒了三次（王上18:33～34）。以利亚拿出如此大的信心，将最宝贵的东西献给神，是因为他相信神必照所栽种的赐予收成（林后9:6～7）。神也照他的信心，赐火的应允，证明了永生真神。

有多雨的响声

通过降火的应允宣告永生真神的以利亚，照神的命令向亚哈王传达说："有多雨的响声。"然后，他上了迦密山顶，这是为要成就神的话语，得降雨的应允，所拿出的信心行为。

以利亚屈膝在地，将脸伏在两膝之中做了祷告。将脸伏在两膝之中祷告，意味因非常恳切呼求，肠子如绞肚腹极其疼痛，只得将头伏在两膝之中。由此可知，以利亚多么尽心尽意恳切地呼求祷告。

以利亚直到得应允没有停止祷告。列王纪上18章42～44节中记载，他让仆人向海观看，直到大海一片手掌大小的云升起祷告了七次。已经关闭三年半之久的天门，要重新打开降雨在地上，可想以利亚有多么尽心、尽意、竭力地祈求呢。如此恳切的祷告，足以憾动天上的宝座感动神。

可以看到以利亚在得火的应允和得雨的应允时，首先口出信心的告白。虽然掀起如手掌般大的云，却告诉亚哈王，当套车下去，免得被雨阻挡，如此凭信心告白天要降下大雨（王上18:44）。神照他的信心作工，霎时间，天因风云黑暗，哗哗地降下了大雨。如此，通过以利亚赐火的应允，打开天门降甘雨的神；也会应允我们的心愿，赐我们溢满的祝福。

我们为要像以利亚凡祈求的得到应允，成就心愿，首先拿出神所喜悦的信心。如此的信心是，当与神之间拆除罪墙时，神才从上头赐给我们。要凭此信心，毫无疑惑地祈求才是。其次，还要以喜乐的心为神筑坛，献上礼物，尽心恳切地祈求。最后，直到得到应允不停止祷告，还要口出信心的告白。

在神没有难成的事，只要不疑惑，凭信心祈求，无论怎样的问题，神都会帮助我们解决。将富贵，名誉，健康，长寿、以及儿女等，人生所有问题，向全能的神交托祷告，神必会赐应允。祝福各位，像以利亚一样拥有充足的信心，每时每刻叫神喜悦，凡所求皆得应允，尽情荣耀归于神。

COLUMN VIEW
图文专栏

基甸与300勇士

这是以色列民族在埃及度过400多年的奴隶生活,神拯救他们从奴役到自由后,定居在迦南地上时发生的事情。迦南是一块肥沃的土地,可以说是流奶与蜜之地,所到之处都是一片丰收。

然而来到此地后,他们所经历的却不是欢乐,而是悲伤和痛苦。以色列人每逢撒种之后,强大的米甸人和亚玛力人就会来抢夺或践踏田地。他们知道了这样的痛苦是来至于背弃信仰,事奉偶像的罪所致,于是在神面前悔改并恳切祷告。因此,神兴起了一个人来拯救以色列,就是基甸。

基甸正在打麦子的时候,有一位天使来到他面前,对他说:"你去救以色列人脱离米甸人的手吧,因为耶和华必与你同在。"基甸向神敬拜后,照神的命令,拆毁了为巴力所筑的坛，砍下坛旁的木偶。

后来，当米甸人和亚玛力人入侵以色列时，基甸依靠神，招集以色列的青年，共有三万二千人。然而神说跟随他的人过多，凡胆怯惧怕的让他们回去。基甸顺从神的话语，打发他们走后，还剩下一万人。再进行测试后，最终剩下三百人。

基甸只有300名勇士，却要对付蝗虫一样多的敌人。基甸通过神给予的梦坚信自己会取得胜利，于是命令 300 勇士携带角和空瓶，并将火把藏在瓶内，以免被人看见。包围了敌人的营后，他们齐声吹角，打破瓶子，拿着火把，喊叫说："耶和华和基甸的刀。"

正在熟睡的敌人得知大军入侵，无比惊慌，纷纷用刀互相击杀，逃跑了。并且，基甸在世期间，他们再也没有入侵。虽然从人的想法看，这是很难顺从的命令，但是当凭信心顺从时，神亲自作工使他们在战争中得胜。

第六章

想要成就心愿

又要以耶和华为乐，
他就将你心里所求的赐给你。

诗篇37:4

在我们尚未认识神，不爱神之时，神就爱了我们，甚至为我们将祂的独生子钉在十字架上。神如此爱我们，怎能不应允祂心爱儿女的祈求呢？罗马书8章32节记载："神既不爱惜自己的儿子为我们众人舍了，岂不也把万物和他一同白白地赐给我们吗？"如果真正相信这些事实，我们在生活中理应享受丰厚的祝福，心愿也要得到应允。那么为了成就心愿，我们应该怎么做呢？

须要省察心田

人们来到神面前，都希望自己的各种问题能够得到解决，得到应允。有些人寻求神是因患有医学无法解决的疾病，有些人则一切都充裕，却没有子女。又有些人因为工作或生意上的问题寻求神，而有些人因着善良的良心来寻求神。其中，有些人的愿望得到应允，充满感谢与喜乐；有些人因迟迟未得应允而难过。有些人则放弃得应允，干脆离开了神。

我们为了成就心愿，须要查看一下自己的心田；是否真的相信全知全能的神，还是半信半疑或是带着侥幸心理来到神面前。

许多人在认识耶稣基督之前,盲目地信奉无神论或崇拜偶像。而且信靠物质,权势,靠自己生活在世界。当遇到大的试炼患难时,试图靠自己的能力去解决。然而,当面临人的极限时,就会依赖偶像,若这也不起作用,就会灰心自暴自弃。

或许某些人在走投无路的情况,因听说神有能力解决,而来到教会。然而,这并不是相信神的能力,也不是仰望神,而是更胜于茫然的期待之心,或许祷告一下就能得到解决。

神主宰着人类的历史、人的生死祸福,在他无所不能。但须知道神看重人的忠心,如果心存疑惑,神是不会给予应允的(雅1:6〜8)。若想成就心愿,就要离弃疑惑及侥幸之心,相信所求的必得着,并要祈求(可11:24)。那时,全能的神就会彰显祂的爱,成全心愿。

须要查验信仰状态及是否有得救的确信

现今,有许多人虽然去教会,但属灵上却没有成长。有些人因属灵的饥渴和困苦而彷徨,有些人因属灵的骄傲,无法领悟与神之间罪墙。有些人虽然过了数十年的信仰生活，忠心侍奉，却没有真正得救的确信。这种情况，怎样才能得神喜悦，心愿得到应允呢？

罗马书10章10节记载："因为人心里相信，就可以称义；口里承认，就可以得救。"心里相信的人，会有行为跟随。因相信耶稣为代赎自己的罪而死，所以无论如何，都会努力行道。因深爱赐予自己生命的父神与主，不愿伤神的心而离弃罪，并且顺从话语，爱人如己。而且，不憎恨，不嫉妒，不求自己的益处，且照神的话语服侍与牺牲自己，显出信心的凭据。

因此，心里相信则意味着成就圣洁的心，即成就内心的割礼。当心里相信，并遵行神的话语，口里承认主的名时，就会得救。

但是若长期去教会，却没有得救的确信，说明信仰存在问题。若没有神成为我们的父，我们是祂儿女的确信，就无法照神的旨意生活。对于那些口里相信却不遵行神旨意的人，马太福音7章21节说："凡称呼我'主啊，主啊'的人，不能都进天国；惟独遵行我天父旨意的人，才能进去。"

若没有得救的确信，与神没有恢复儿女的关系，自然也就无法得到应允。即使与神恢复儿女的关系，若在神眼中有不合乎的地方，也无法得到应允（诗66:18）。如果想要成就心愿，最重要的是首先查出自己与神隔绝的罪墙是什么，并要悔改。

当悔改没有照神的旨意生活的部分,并得以改变,神会帮助我们解决职场,健康,物质,人际关系等所有的问题。若是因为子女的问题而寻求神,神会用真理之道光照自己使人领悟其问题的缘由。或许问题所在于子女,但往往父母的缘由也多,因此,要用真理对照自己,若发现不合乎的地方,先要悔改。而且把子女交托于神,并在真理中养育,神会使万事互相效力叫人得益处。

如此,时刻查验自己的信仰状态,拆毁与神之间的罪墙,在得救的确信中遵行神的旨意时,能够成就心愿。

要显出神所喜悦的行为

无论何人凡接待耶稣基督,就会领受圣灵为礼物,得以领悟真理。随着圣灵的带领才能明白神的心意,活出神所喜悦的生活。与小时候不同,人长大后,就能知道父母的心,学会如何取悦他们是一样的道理。神的儿女认识真理并领悟的程度,越能使神喜悦。

诗篇37篇4节记载:"又要以耶和华为乐,他就将你心里所求的赐给你。"因神的旨意是让我们以神为乐,因此当使神喜悦时，神就会满足我们的心愿。这里的以耶和华为乐，是指在圣灵充满当中享受神所赐的真正的喜乐，即属灵的喜乐。

要如何做才能享受属灵的喜乐，心愿得到应允呢？就是爱神并讨神喜悦。我们爱神时，神也会爱我们（箴8:17），当我们讨神喜悦时，神也会将喜乐赏赐给我们。

神喜爱敬畏神的人，行仁义公平，忠心奉献礼物，并喜爱公义的祭，全牲的燔祭（诗51:19, 147:11；箴21:3）。此外，神还喜悦努力传扬福音，高举赞美神的人。

但神最喜悦的还是信心。正如希伯来书11章6节所说："人非有信，就不能得 神的喜悦；因为到 神面前来的人，必须信有 神，且信他赏赐那寻求他的人。"赞美与祷告，礼拜与礼物，以及善行等所有行为都出于信心时，才能讨神的喜悦。如此，拥有以神为乐的信心；不但心愿得应允，而且没有难成的事。

信心的古人先知们始终如一地以神为乐，心愿得到应允，将荣耀归于了神。信心之父亚伯拉罕追求圣洁，与所有人成就和睦，尽心，尽性，尽意地侍奉神，成就了完全的信心。当神让他把独生儿子以撒献为燔祭时，他只凭信心顺从了（创22:1~12）。神喜悦这样的顺从，不但恩赐灵魂兴盛的祝福，财富与名誉，权势，健康，长寿、以及子女的祝福等，所有的事上赐给祝福。

列王纪下4章8～17节中，书念妇人盛情款待神的仆人以利沙，蒙了怀胎的祝福，生下了儿子。妇人服侍以利亚并不是为了得到什么，而是因为从心里相信且爱神的仆人。对于这样的妇人，得到神的祝福是理所当然的。

但以理及三个朋友，凭全然依靠神的信心讨神的喜悦。但以理即使知道如果向神祷告，会被扔在狮子坑中，也没有停止祷告。最后，他被扔在狮子坑中，但神差派天使封住了狮子的口，身上毫无伤损。同样，他的三个朋友因没有跪拜偶像被扔进火窑里，然而连一根头发也没有烧伤，活了下来，将荣耀归于了神。

在马太福音8章，百夫长来到耶稣面前，恳求耶稣医治他仆人的瘫痪病。耶稣说："我去医治他。"百夫长回答说："主啊，你到我舍下，我不敢当；只要你说一句话，我的仆人就必好了。"这话里蕴含着百夫长极大的信心以及爱仆人的心。耶稣听了称赞他说："这么大的信心，就是在以色列中，我也没有遇见过。"然后成全了他的心愿。

患了12年血漏的女人，也是凭着信心成就了心愿（可5:25～34）。她找了很多医生，非但没有痊愈，还遭受了很多痛苦，浪费了所有的财产，病势却反倒严重。这时，她听到了有关耶稣的传闻。

女人相信只要摸耶稣的衣裳就必痊愈，于是她杂在众人中间，悄悄地摸了耶稣的衣裳。顿时，耶稣身上出去能力，血漏的源头立刻就干了。耶稣喜悦她的信心，并祝福她说："你的信救了你，平平安安地回去吧！你的灾病痊愈了。"

当神的儿女以神为乐时，神就成全心里的夙愿，并使万事互相效力，使他们得益处。我们若坚信这一事实，就能时常得享应允的人生。马可福音9章23节记载："你若能信，在信的人，凡事都能。"因此，无论有什么问题，只要信靠神能够解决，必会给予解决，成全大家的心愿（诗37:5）。神绝不失言，必定履行所说的话；祝福各位，能以神为乐，所有的心愿都得以成就。

COLUMN VIEW
图文专栏

成就心愿的秘诀

有一个性格自由奔放，有憧憬娱乐圈之梦的女孩。在思考自己的职业道路后，因喜欢运动而进入了生活体育专业，但仍然怀揣着进入娱乐圈的梦想。

有一天，她接到一家杂志社的拍摄提议，毫不犹豫地就答应了。从此，每周日只做大礼拜，下午就去进行拍摄。之后，作为配角演员出演电视剧，因梦想着更好的未来，热衷于其中。

其间，她参加了全国单板滑雪技能锦标赛。因为有一定的实力，以为自己当然会合格，但是看到结果之后，她感到无比震惊，她以0.06的差距不合格。瞬间，她意识到自己与神之间存在罪墙。

"原来是因为我没有守完整的主日，而没有得到应允啊！"

当她悔改过去，尽力做礼拜和祷

告时，教她滑雪的教授意外地联系了她。让她再次参加单板滑雪技能锦标赛。她因为记得吃过苦头，所以压根不敢想。

"不要这样，为了积累经验，再挑战一次吧。谁知道你的梦想会朝着哪个方向实现呢？"

在教授充满爱意的劝说下，她决定参加了。但是，她为了圣守主日，放弃了集训。为了弥补练习量，即使是下雨天也不休息，一个人练习。在平日练习结束后，她一定会参加周二赞美礼拜和周五彻夜礼拜，并且献上完整的主日礼拜。如此，她在承认神并尽最大的努力训练之后，为了比赛接受了主仆的祷告，并得到了极大的祝福。

比赛期间，雨下得很大，甚至发布了暴雨警报，但因她平时在雨天时也坚持练习，所以可以放心地参加比赛。并且没有出现丝毫失误，一展身手，最终获得了冠军。

第七章

想要完全得应允

敬畏耶和华，在乎恨恶邪恶。
那骄傲、狂妄并恶道，
以及乖谬的口，都为我所恨恶。

箴言8:13

神是天地万物的创造者，是超越时空、何时何地作工的全能的神。并且也是应允祈求，寻找，叩门之人的慈爱的神。遇见这样的神，在任何困难中都能获得希望；疾病、家庭、孩子、金钱等生活中，所有的问题都能得到解决，并且能得享丰盛的祝福。

因此在民数记6章24～26节记载："愿耶和华赐福给你，保护你。愿耶和华使他的脸光照你，赐恩给你。愿耶和华向你仰脸，赐你平安。"我们一同具体查考一下，当怎样做才能遇见神，完全得应允。

敬畏耶和华

玛拉基书4章2节记载："但向你们敬畏我名的人必有公义的日头出现，其光线（"光线"原文作"翅膀"）有医治之能。你们必出来跳跃如圈里的肥犊。"如果被关在圈里的肥犊放出来，会玩得多么欢快啊。正如此，被疾病和软弱所困扰的人，当医治之能的光线照射到他们身上时，也能获得自由，变得健壮。

这里的"软弱"并不是单纯指身体无力、虚弱的状态。如小儿麻痹、脑瘫、肢体障碍等身体部分退化或瘫痪的状态。即使是患有这种软弱和各种疾病的人，只要临到神照射的医治光线，就能得到彻底医治。

然而，为了得到医治之能的光线，有一个条件。那就是要敬畏耶和华的名。什么叫敬畏耶和华呢？箴言8章13节说："敬畏耶和华，在乎恨恶邪恶。那骄傲、狂妄并恶道，以及乖谬的口，都为我所恨恶。"由此可知，神恨恶骄傲，狂妄并恶道。

因此，恨恶与善之神相对的恶，行善就是爱神，敬畏神。父母与子女之间，如果彼此相爱、互相尊重，就不会做对方讨厌的事。夫妻之间，如果真心相爱，不做让对方伤心的事；而选择对方喜欢的，给对方带来欢乐和平安。神与我们的之间也是如此。

神为了拯救曾是罪人的我们，彰显了祂的爱。祂将无罪的独生子作为挽回祭，钉在十字架上，为我们打开了救恩之路。倘若领悟这种爱，我们理当去爱神，敬畏神。如果真是爱神且敬畏神，不但不做神所恨恶的事，而且彻底恨恶邪恶。

但很多人虽说："我爱神。我敬畏神。"，却依然不恨恶邪恶。虽然头脑里认为自己恨恶邪恶，内心却仍然怀恶，甚至还做出恶言恶行。这并不是真正的恨恶邪恶，终究不能说是"爱神，敬畏神"。

想要完全得应允

身为父母，都想竭尽全力提供最好的给孩子。同样，神愿信祂的儿女们凡事亨通，在各个领域都愿赐给祝福。因此，马太福音7章11节记载："你们虽然不好，尚且知道拿好东西给儿女，何况你们在天上的父，岂不更把好东西给求他的人吗？"

又在箴言8章17节说："爱我的，我也爱他；恳切寻求我的，必寻得见。"我们若敬畏神，爱神，就能遇见全能的神，蒙极大的爱。恳切寻求神，以神为乐时，凡所求的得应允与祝福，尽情地荣耀归于神。为此，须要具体怎么做呢？

须要拆除罪墙，积累善行

　　神是公义的，原本就是爱。神吩咐的诫命都是为了我们好，当我们遵守这些诫命时，就会灵魂兴盛，凡事兴盛，健康，亨通。因此，我们可以喜乐地顺从神的诫命；这是作为蒙无限恩典和爱之人，理当该做的事情。并且，要离弃神所恨恶的一切恶事，这才是真正爱神、敬畏神的表现。

　　因恶遭受试探，导致出现各种问题，若是有需要得应允的问题，就应该更加恨恶邪恶。假设，被物质受迷惑遇到困难。因为自己内心里有贪心，所以被对方受迷惑受行骗。此时，不应该恨带给自己困难的对方，而是要恨恶自己内心里的贪婪。通过对方能够发现自己内心的贪心，并能离弃，反而要更加感谢他。

　　若不离弃贪心，总有一天会再受迷惑。因此雅各书1章14～15节记载："但各人被试探，乃是被自己的私欲牵引、诱惑的。私欲既怀了胎，就生出罪来；罪既长成，就生出死来。"

　　当出现问题时，明智的做法是找出其根本原因并解决掉。不仅是物质上的问题，疾病或软弱等所有问题，都有其根本原因。例如，对于疾病的缘由，出埃及记15章26节记载："你若留意听耶和华你　神的话，又行我眼中看为正的事，留心听我的诫命，守我一切的律例，我就不将所加与埃及人的疾病加在你身上，因为我耶和华是医治你的。"

　　神保守那些照神话语生活的人，使他们免受任何疾病的痛苦。如果患有疾病，这是意味有违背神旨意的事。因违背神旨意的事成为罪墙，被拦阻蒙神恩典与保守。

并不是因神能力不足，无法保护我们。以赛亚书59章1～2节记载；"耶和华的膀臂并非缩短，不能拯救，耳朵并非发沉，不能听见。但你们的罪孽使你们与　神隔绝，你们的罪恶使他掩面不听你们。"故此，为了包括疾病在内的所有问题，得到完全的应允，首先要拆除与神之间的罪墙。

那么，什么是罪墙呢？

例如：不信神，不接待耶稣基督、不爱邻舍、带着私欲祷告、仇恨、嫉妒、论断定罪等；不从神的盼咐"当行，不可行，当守，当离弃"等违背这些都会成为罪墙。对照此话找到违背的地方，悔改并拆除罪墙时，才能得到应允。

与此同时，当我们积累使神喜悦的信心的行为与善行，就能迅速得到完全的应允。在希伯来书11章6节说：有信心，才能得神的喜悦。雅各书2章22节记载："信心是与他的行为并行，而且信心因着行为才得成全。"

真正有信心的人会顺从神的话语。因为神说："要喜乐，要饶恕，要服侍，要彼此相爱，要求对方的益处，要行在光明中"，所以照此话遵行。通过看善的，听善的，说善的，行善等；在生活当中尽最大的努力去积累善。神喜悦如此信心与善行，并会迅速赐给应允（约一3:21～22）。因此，我们须要努力聆听真理并要领悟，使信心得以增长，并显出相应的善行才是。

神充满恩典、满有怜悯，无论如何想要把上好的赐给我们。当每个人根据自己的信心大小，拿出相应的行为时，神就会立刻赐给应允。所以即使是初信徒，祷告一次就有得到应允的情况。但是对于已经体验了神的恩典，有一定信仰经历的人来说，神希望他们能拿出更高水准的行为。即希望比以前能成就更高阶段的善，拿出更大的信心。

然而，在人的立场虽然表现的与以前一样，甚至还不如以前；却想："即使我祷告，也不来应允。"那是因为他们的目的只在乎眼前的问题立刻得到解决，疾病得到医治。但是神对我们的期望并不是这些。对神来说，外在问题立刻得到应允，只不过是微小的果子。神眼中最重要的，是叫神的儿女照神的话语生活，增长信心。当成就神所愿的信心时，自然会照各人所求的赐给应允。

因此，人要与神同样的视觉来看待自己的问题。不能拘泥于眼前的应允，且要目的放在解决掉根本的问题。那么不会急于得应允，在等待应允的过程中也不会焦虑和不安。并领悟这段时间让自己更加得到改变，进入灵；即用真理变化为祝福的时间，且能感谢地度过。

拆毁罪墙后，不可再积累

有些人只急于得到应允。应允迟迟不来就失望灰心，甚至说出抱怨埋怨的话。然而，说出这样的话会再次加厚与神之间的罪墙，离得到应允的时间就会更远。

当然，人会再次悔改，凭信心栽种礼物，侍奉祷告。即便如此凭信心建立自己，或许还不足以拆毁已经积累的罪墙。

为了完全得到应允，须要彻底拆毁所有的罪墙。然而，若是拆一点又积累，拆一点又积累，反反复复的话，就很难得到应允。假设，大家和神之间建立一道 10 厘米高的罪墙。通过禁食悔改祷告拆毁了5厘米，那么还剩下5厘米的罪墙。这时继续不断地拆毁罪墙，变成0，才能完全得到应允。

但是，虽然还剩下一部分罪墙，但因着自己努力祷告禁食，就期待着现在得到应允。可是，由于还有余剩的罪墙，以公义的标准来衡量，现在还不是得到应允的时候。然而，因不领悟这些事，不来应允就会失落，不能感谢，甚至抱怨。那么，余剩的罪墙上又积累新罪墙，从而更难得到应允。故此，为了得到应允，拆除罪墙之后，不能再积累罪墙。

人们只记得自己的努力，却忘记自己言行上积累的罪墙。所以，有时会觉得："自己凭信心行了很长时间，却得不到应允"从而失望灰心。神看到这样的人时，心情会如何呢？

真正重要的是我们灵魂的改变。所以要不变地相信信实的神，须要努力改变使得灵魂兴盛，即改变为真理。并且凡事以善去思考，恒久忍耐时，才能加快得到应允。当我们努力凭信心行，不削减所积累的善，得到应允的时间就会提前。

不仅是疾病得医治、家庭和睦、家庭福音化、物质的祝福等凡事都是如此。灵魂兴盛时，凡事都会变得兴盛（约三1:2）。越将心田改变为真理，改变为灵，所得到的祝福和应允也就越大。如果发现即使过了很久的信仰生活，自己现在的表现却和以前差不多，就说明属灵上没有任何长进，还停留在原位。这种情况，须要迅速离弃非真理，填充灵与真理。

有些人说是渴慕灵，追求真理，离弃非真理。但同时，却一直在接受非真理。所接受的非真理有时候比所填充的真理还要多。由于接受非真理比离弃非真理要容易，所以自认为只接受了一点非真理，但实际或许已经接受了许多的非真理。即便如此，人们却认为自己接受了许多的真理，而非真理只接受了一点。但是看其结果，属肉的心较大于属灵的心，或处于原地踏步的情况多。但还想："为什么我努力祷告了却离弃不掉非真理呢？"而灰心丧气。

但是真正爱神的人会彻底断绝肉，即非真理。因知道肉是腐烂发臭的，所以不想接受它。反之，渴慕灵不断接受属灵的，心里被属灵的填充。如此，一心向往灵的人就会立即得到应允与祝福。

神是信实的，并以公义和爱成就一切。我们若真正爱且敬畏神，须要彻底除去我们与神之间拦阻的一切因素，并不再接受它。恨恶邪恶，并离弃恶，努力以善来填充。

神必会赐应允以行为显出爱神凭据的人。健康、财富、荣誉等，凡所求的都应允，赐给溢满的祝福。或许应允有些延迟，神要给予我们更加积累信心，积累善的时间。因此愿各位，当爱神且敬畏神，时常荣获完全的应允与祝福。

COLUMN VIEW
图文专栏

年薪提高3倍的秘诀

据说，登上世界最高峰的登山专家，会体验无与伦比的快乐和感动。攀登的过程中有时会有孤独、疲惫的时刻，并且也不是仅凭意志力和热情就能轻易登顶的。然而，如果旁边有一位卓越的登山专家同行，帮助调节速度，并激励克服每一个困难，攀登就会容易得多。我们的人生道路，若有一位卓越的帮助者，也能轻松、平安地走下去。

有位圣徒在信仰生活中，通过神的帮助，得到了极大的祝福。他在畜产品收购部工作期间，常常体验神的帮助，信心得到了增长。他勤奋工作，引进优良品种的畜产品，为公司销售额的增长做出了贡献。没过多久，就成为公司新增部门的专业顾问。此部门的业务，是针对防止向消费者供应的肉类中，含有害物质的质量安全监管。

作为专业顾问，对从业人员进行培训并使其成为国家认证企业，随着通过率的提高，树立了口碑，农场的订单合同也蜂拥而至。此外，他还被任命为畜产品的卫生讲师，表现得到了认可，并在研究所内得到年薪增加三倍等前所未有的祝福。

当他刚开始做这项工作时，有时会因把自己的想法放在前面而出错，但当他听神的道、祷告并依靠神时，能够明智地处理一切事务。并被认可为一位才华横溢的工人和一位优秀的讲师，得到了凡事亨通的祝福，例如，与农场主顺利地签订了合同等。他告白道：

"神作工就是不一样。人们认为不可能的就是不可能。然而，凭靠信心时，不能成的也能成，能成的成的更好。"

第八章

种与收的祝福秘诀

耶和华晓谕摩西说：
"你告诉亚伦和他儿子说：
你们要这样为以色列人祝福，
说：'愿耶和华赐福给你，保护你。
愿耶和华使他的脸光照你，赐恩给你。
愿耶和华向你仰脸，赐你平安。'
他们要如此奉我的名为以色列人祝福，我也要赐福给他们。"

民数记6:22～27

农民为了得到丰收，首先要开垦土地，然后再精心播种栽培。即使土地再广阔，如果不播种，秋收时就不会有收获。相反，如果在广阔的土地上撒下很多种子，并勤奋耕耘，就会满怀希望地等待收获的季节。然而，有些人即使努力耕作了，却得不到好的收成。这是因为耕作方法不对。

属灵上也是同样的。有些人看似在努力地过信仰生活，却从没有祝福的见证。即使没有遇到特别的困难，过了数十年的信仰生活，也没有得到特别祝福或应允的情况。如果在神面前凭信心栽种，应该一定会结出果实；但若是没有，须要检验一下自己的信仰。

应允与祝福的基本原理

信仰的核心是改变我们的心田，将其造就为沃土。即将我们的心改变为光、义、善、真理、效法神的形象。当殷勤开垦心田，遵照神的旨意栽种时，就可以收获祝福与应允。那么，让我们一同将得应允的过程，运用到播种和收获的自然法则中。

第一，要开垦心田

耕种时，如果土质不好，无论播下多少好种子，收成也不理想。只有把种子撒在好土,即沃土,才能大丰收。同样,为了得到祝福,播种子时须要撒在属灵的好土上。

属灵上,把"土地"比喻为我们的"心田"。即便撒下再多的种子,努力耕耘,如果心田不佳,就无法收获预期的好收成。因此,须要先开垦心田;即离弃所有罪恶,成就圣洁的心。开垦心田就是顺从圣经中记载 "不可行,当离弃"的话语,例如:"各样的恶事要禁戒不做,离弃私欲,不可恨人,不可论断"等等。

第二,要播种。

播种是指顺从圣经中记载 "当做,当守"的话语,例如:"要彼此相爱,要求对方的益处,要服侍,要守安息日"等等。按照话语播种,且不能止于一次,当要持续播种。就像农夫在耕作时随着季节播种一样,在属灵上直到进入天国为止,须要不断地播种。

第三,需要耐心的栽培。

如果只种不栽培,到了收获的季节,必然颗粒无收。栽培在属灵上指礼拜,祷告,赞美。通过礼拜聆听学习神的道,信心才得以成长。与此同时,通过赞美和祷告得到圣灵的充满,获得新力量,将心田开垦为好土,且努力种植栽培。

常常喜乐,凡事谢恩也是属灵上的栽培。这就是信心。满怀丰收希望的农夫会在这地上快乐、幸福地劳动。直到收成为止,他们一边哼着歌,一边殷勤地栽培。我们若充满天国的盼望中,常常喜乐,凡事感恩,仇敌魔鬼撒但无法拦阻我们,奋力地向天国奔跑。

第四,需要开花结果的过程。

正如花朵绽放时散发出馨香一样,当属灵的花朵在我们心中绽放时,就会散发出基督馨香之气。当我们越发效法神时,周围人就能感受到我们的基督馨香之气。如此播种、就会开花,最终结果。即结出圣灵的九种果子,八福的果子,爱篇的果子,光的果子等属灵的果子。

收获30、60、100倍的秘诀

开垦心田,遵照神的话语栽种耕耘是在灵肉间获得应允与祝福的基本原理与核心。根据开垦了多少心田为好土,以及播种耕耘的程度,所得到的收成也就不同。有的人收获原有的两倍,也有人收获30倍,60倍,100倍。那么,我们在属灵上要如何播种栽培,才能收获30、60、100倍丰盛的果子呢?

第一，先要内心割礼

内心的割礼，即开垦心田成为好土。无论播种什么，须要凭着信心播种，才能收获果实。有信心，才能讨神喜悦，才能经历神的作工。然而，信心是照我们内心成圣的程度神赐予的。因此，越是做成内心割礼，离弃罪恶；属灵的信心就会增大，得到的祝福也会更大。

约翰3书2节说："亲爱的兄弟啊，我愿你凡事兴盛，身体健壮，正如你的灵魂兴盛一样。"正如灵魂兴盛一样是指根据把心田开垦为好土的程度，属肉上凡事兴盛，并得到身体健壮的祝福。如此，灵魂兴盛是得到应允与祝福之路。由此可知，达成内心割礼的重要性。内心割礼是指离弃心里的非真理，即将马太福音13章里说的路旁地，石头地，荆棘地开垦为好土。

路旁地在灵里比喻为刚硬的心。即听了神道，也无法领悟并相信的心。要开垦这种坚硬的路旁地，首先要离弃骄傲、自尊、固执、虚假等心里的恶，破碎主张自己对的义和框架。石头地则是听道时心生喜乐，蒙恩典，可一旦遭遇患难、逼迫就易跌倒的心田。这种心田，须要拔除阻碍人顺从神道的非真理和爱世界的心。

荆棘地是听了神道，会相信遵行，但还无法达到完全遵行的心田。拥有这样心田的人，须拔除世上的忧虑、财物、名誉、权势等内心的贪心。

当我们接待主，成为神的女儿，开垦心田的工作就开始了。根据通过神道发现并离弃非真理的程度，心田逐渐开垦为好土。即成就没有恶的属善之心、顺从神道的真理之心。如此改变为真理，在肥沃的好土上播种，灵肉间就能收获丰盛的果子。

第二，在神面前圣守完整的主日并献上完整的十分之一

圣守完整的主日是承认造物主神属灵主权的表征。即认可我们的灵魂归属神的意思，也是证明自己是信耶稣基督的神的儿女的最基本的行为。不守安息日的人，因不承认神的属灵主权，所以仇敌魔鬼撒但带给试探患难，神便不能给予保守。因此，无论再怎么播种，当遇到像暴风和干旱等灾殃时，还是颗粒无收，得不到祝福。

有的圣徒由于事业特性，在主日订单会增多，从而不能守主日。并认为这是不得已而为之。然而，通过听道认识到自己的错误，领悟到"主日的订单不是属于自己的"，并决心全守主日。神以神的方式祝福他。进来意想不到的订单，在平日得到更多的收入。

其次，"十分之一"是承认神对物质世界的主权。承认天地万物都属于创造主神，相信我们所有祝福都来自于神。因此，神在玛拉基书3章10节说："你们要将当纳的十分之一全然送入仓库，使我家有粮，以此试试我是否为你们敞开

天上的窗户，倾福与你们，甚至无处可容。"

十分之一好比为来年预留的种子。农夫从收割的谷物中筛选出上等谷粒作为种子。并不会因眼前没有吃的东西，就吃掉种子，使无法耕种。同样，作为神的儿女，十分之一是属于神的，故要先分别出来，而不是把用完剩下的奉献。另外，若把十分之一以救济等其他名义奉献，就等于没有缴纳十分之一。

在信仰生活中，圣守主日和献十分之一是最基本之基本。是非常重要的命令，因它与救恩有着密切的关系。不管多么努力祷告祈求祝福，若不圣守主日或不献完整的十分之一，神便无法赐给祝福。神若赐给祝福，便是违背了公义，撒旦就会控告。通过圣守主日和缴纳十分之一承认神的主权，并凭信心祈求时，神才会赐给祝福和应允。

第三，不可带着私欲祈求

俗话说"若想成为富豪，不能自己跟着钱走，而是要让钱跟着人跑"。如果被贪欲蒙蔽双眼，沉迷于钱财，就会丧失判断力，偏离正道，反而遭受更大的损失。信仰生活亦是如此，要得到物质祝福，首先要离弃贪心。神说："贪婪就与拜偶像一样"，且是神非常憎恶的。马太福音6章24节记载："一个人不能侍奉两个主。"即必须在神与财利中选择一边。

信仰生活中难免面临选择的情况——是求自己的益处，还是宁愿遭受损失也要遵行真理。此时，若心怀贪婪，就会适当妥协，而脱离真理，甚至信仰也会变质。收入少的时候，按时奉献了十分之一，可一旦收入增加，就会因舍不得，而不缴纳十分之一。

我们求物质祝福，并非让自己享受更多。无论在地上积攒多少财富，到了天国会变得毫无用处；因此寻求物质祝福的目的，只为求神的荣耀，拯救灵魂才是。为了不带着贪心祈求，首先须放弃追求不属于自己的东西。

心中若没有贪心，向神祈求时也不会急躁，而是在圣灵的引导下，按照公义祈求。有的人现在十分之一是十万元《韩币》，却说："请帮我祷告，让我能够奉献一百万的十分之一"。当然，以后得祝福想要多奉献的信心是可佳，但不能立刻得到。要经过二十万、三十万、五十万一步一步增加。忽略这些步骤，一味地按自己的想法，焦急地向神催促般祈求并不是信心。有时事业进展顺利，却不慎重考虑，草率地借钱扩大事业。或者创办了一家企业，发现另一家企业进展顺利，有前景，就不顾一切扩张到另一领域。然而，不能让自己来领头做主，而是要分辨出神的带领是什么。在欲望的驱使下，随心所欲，也可能成为阻碍圣灵的声音的贪婪。

第四，要走正道

我们不仅遵守神的法，也要守世上的法；凭着正直和诚实去行时，才能蒙神保守。想轻而易举谋取私利，使用不正当的方法，欺骗他人，脱离真理时，在世上也很难取得成功。

创世纪里记载，雅各在牧养舅舅的羊群时非常诚实地牧羊。他冒着严寒酷暑，日夜不停地照顾家畜，甚至那些被偷去或被野兽撕裂的都要自己赔偿。因他牧养别人的羊群时，也如此诚实地做事，于是神赐给了祝福。

雅各的儿子约瑟也是以诚实为本的人。被卖到埃及做奴仆，他行事无比地忠诚智慧，以至于主人把一切家务都托付给他，并从不过问。因他如此忠诚，神通过熬炼使他成为大器皿后，立他为治理埃及全地的宰相。

相反，即便懂得真理再多，殷勤祷告，但若不走正道，神就无法赐给祝福。在小事上忠心的人，也能托付大事。在人前被认为正直诚实的人，才能在神面前被认可为诚实。如果不积累正直和诚实，就算神打开通达的道路，也不能将祝福据为己有。

第五，要殷勤栽种

哥林多后书9章6节记载："少种的少收，多种的多收，这话是真的。"即使拥有广阔的田地，也是按播种的数量收成。当然，如果播种在肥沃的土地，收成会高于比同等面积贫瘠的土地栽种；但小面积的播种，不能指望更大面积的收成。属灵上也是如此，只有勤奋更多栽种，才能体会更多祝福。

假设向神栽种一万韩元，并得到双倍的祝福。这时神可能直接祝福金钱，也有可能使我们免遭疾病或灾殃。然而，即使神祝福了一万韩元的两倍，即两万韩元，也很难察觉到什么。相反，若是栽种了一千万，得到了两倍的祝福，那么会立即感觉道祝福。

当然并不能单凭面额大就代表"种的多"。因神通过礼物愿得到的是内心的馨香。马可福音12章中，有一位寡妇将两个小钱，投入库中。这只不过是当时最小的货币单位两枚硬币而已。看到此场景的耶稣却说："这寡妇投入库里的，比众人所投的更多。"这是因为其他人都是自己有余中，拿出一部分献上，而寡妇却把自己一切养生的都献上了。这是一份含有内心馨香的礼物，所以它比其他人的礼物更令神喜悦。

第六，要有不变的信心与行为

农夫播撒很多种子后，几个月过去也望不到收成，就不打理或重新犁地的话，之前的努力会变成徒劳。同样，为了从神得到应允，每逢机会须努力栽种，并相信神必按所栽种的赐给祝福。神会在最恰好的时机，以上好的来偿还各位。

我们不能向神强求说："我献了这么多，请祝福我吧"这样的算计。即使神不赐福，但爱神的心，相信神赐应许的祝福，要带着归荣耀神的心凭信心祈求。如果因为应允迟缓，埋怨不平，只会离应允越来越远。

假设为了得到一个应允，需要满足一百分量的信心。努力凭信心祈求去行填充了五、六十的分量，可一下子倒掉了二十，就须再次努力填充倒掉的数额。就这样添了倒，添了又倒，如此反反复复，应允该多慢呢？同样，为了得到祝福，若是不断地栽种信心积累蒙神喜悦的行为，就要从始至终带着信心的眼目仰望才是。

此外，定意献在神面前的，须要按原来所酌定的献上。不得随自己的益处更换或违背所许的愿（利27章；诗15：4）。现在一无所有，却仍定意想献时，也不可随己意做，而是要在圣灵的主管下去做。不能以吝啬的心，也不能旨在满足自己的贪心去做。即便只是在自己的想法中定下来的，也一定要遵守。到时候，必定会超越大家所种的得到祝福。

第七，栽种在神所喜悦的地方

想要通过股票获取利润，必须要投资到收益性好的项目。如果投资不当，可能连本金都很难保全。属灵里也是一样，栽种在神不喜悦的地方，就无法得到祝福。例如：周济是神所喜悦的，是蒙福之路（箴言19:17节）。但若周济因犯罪正在受神惩戒的人，就会与他同受熬炼。因为这等于是在帮他继续犯罪。

神为了使犯重罪的尼尼微城悔改的机会，命令约拿去宣告神的旨意。但约拿希望以色列的敌国尼尼微灭亡，所以没有顺从，坐上了开往他施的船。在航海中，因约拿的缘故，海中起了大风。船上的人虽然得知这大风的原因，但还要帮助约拿，可海浪却越发翻腾；最终他们把约拿抛在海中，海的狂狼才得平息（拿1：1～15）。

不仅是周济，栽种也是一样的。只有栽种在神喜悦的地方，栽种给神喜悦的人时，神才会使我们喜乐地得到收成。神对亚伯拉罕说："为你祝福的，我必赐福与他；那咒诅你的，我必咒诅他。地上的万族都要因你得福（创12:3）。"因此，跟随亚伯拉罕的侄子罗得，也得到了祝福，成了巨富。

像亚伯拉罕一样有祝福权和咒诅权的属神之人，在受主管为别人祷告时，照他祈求祝福就会临到。因清楚知道种与收的法则，所以在祈福之前，会先让对方预备好得祝福的器皿。以撒为了给以扫长子的祝福时，也是先让他准备美味给他吃。这是为要照着属灵的法则祝福。

加拉太书6章6节记载："在道理上受教的，当把一切需用的供给施教的人。"然而，只有当那仆人合乎神心意时，才能因那仆而蒙福。若服侍那不顺从神，犯罪的主仆，就无法得到祝福。因此，要智慧地分辨，正确地栽种在神所喜悦的地方，才能得到祝福。

第八，尽忠于神国

尽忠于神国是，指一如既往地努力过信仰生活。属灵上真正尽忠的人，不仅在行为上服侍，且以心灵和诚实献上礼拜，不停止祷告。这时，神必会赐给祝福。

有的人起初热心担负使命，但得到祝福后，工作繁重就疏忽使命。此等情况，大多数人不仅懒惰担负使命，信仰生活本身逐渐开始变质。恩典冷却，停止祷告与世妥协等。为了赚更多的钱，行神不喜悦的事，导致被神掩面，事业瞬间倒闭，甚至生病。

因此，重要的是遵行真理，灵魂兴盛。不仅外在行为上尽忠，更要离弃心中的恶，带着爱神的心以及真诚的心为神国尽忠。进一步，在家庭、职场、教会等自己所属的各领域真诚尽忠时，就能被认可为真正的尽忠。

诗篇116篇1-2节记载："我爱耶和华，因为他听了我的声音和我的恳求。他既向我侧耳，我一生要求告他。"照此经文，神愿意垂听所爱儿女的祷告与恳求，并赐给应允。

当我们因人生种种问题遭受痛苦时，神无论如何都愿赐给应允。因神是全知全能，可以应允任何事情。所以，只要我们相信顺从神的话语，蒙神喜悦；健康、财富、名誉等除此之外的任何心愿都能成就。

愿各位时常行在真理中，拿出神所感动的信心与行为；所有心愿都蒙应允，生活中充满喜乐和感恩。并模成神的心，成为效法神的真儿女，得到灵魂兴盛的祝福；日后在圣城新耶路撒冷，永享极大的荣耀与幸福。

COLUMN VIEW
图文专栏

爱的定义

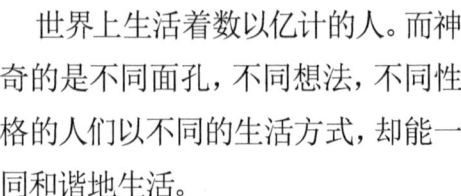

世界上生活着数以亿计的人。而神奇的是不同面孔，不同想法，不同性格的人们以不同的生活方式，却能一同和谐地生活。

有的人喜欢舒缓的音乐，有的人喜欢雄壮有力的音乐；有的人喜欢清淡的食物，有的人喜欢油腻的食物。即使是拥有相同血脉的家人，各自的习惯，爱好，性格也不同，因此，想要合为一体并不容易。

然而，一个有趣的事实是：爱一个人，就能去迎合对方的心。即使是我不喜欢的东西，如果我所爱的人喜欢，就可以改变自己，欣然地随从。这就是爱的力量。

当爱一个人时，无论什么，包括喜欢的发型、衣服、颜色、饮食、说话方式以及关心事，都会尽力取悦于对方。因此，若爱一个人；就会不知不觉中发现自己，变得越来越像他。

约翰一书5章3节记载："我们遵守　神的诫命，这就是爱他了，并且他的诫命不是难守的。"约翰福音14章21节说："有了我的命令又遵守的，这人就是爱我的。"

爱神就是遵守他的诫命，遵守神的诫命意味着，遵行圣经66卷中神的道，并且以爱来完成律法。在世上，若是彼此真心相爱，当对方拜托难事，也会乐意听从。同样，倘若爱神，就不难遵守神的诫命了；反而会以喜乐的心遵行所有神之道。

箴言8章17节记载："爱我的，我也爱他；恳切寻求我的，必寻得见。"祝福各位，时常行在真理中，并显出爱神的凭据，作为神儿女在凡事上蒙应允，得享溢满的祝福。

www.ingramcontent.com/pod-product-compliance
Lightning Source LLC
LaVergne TN
LVHW051953060526
838201LV00059B/3624